中华优秀传统文化丛书

祭灶节

王蔚赞 ⊙ 编著

吉林出版集团股份有限公司

前　　言

　　中国文化历时远久，累积了千百代人的智慧，是人类文明的宝贵遗产。时间与智慧让文化浑厚且深邃，缤纷多彩，包罗万有。文化为人类所创造，同时也推动人类的演进。中国文化是中华民族生生不息、团结奋进的不竭动力，是凝聚人民力量、培育民族精神的基础。

　　中国位于太平洋与帕米尔高原之间，独特的地域环境使中国文化早期的发展很少与外界文化发生关系，成为世界上少有的原生性文化。这种文化绵延不断，丰富而又深刻，并成为支撑中华文明的坚强支柱。

　　中华民族创造了丰富的物质文化和精神文化，物质文化是一种外部现实，精神文化也同样是一种现实，它是自由的思维空间，横无际涯，这个空间让我们感受中国文化之美，体验中国文化之崇高。博大的中国文化传统之下，涵盖着无数的文化个体，正是这些个体给了中国文化以实际内容。不同的个体在纷杂的历史条件下产生，辐射出璀璨的光华。

　　灿若群星的传统文化个体，也不尽然就是一个个体，更多的时候它是一个体系，一个多元的组合。每个文化个体个性迥异但又同在一个更大的文化体系之内，和谐而又体现着中国文化的精髓。

　　经济的全球化，对文化产生了深刻的影响，但这种影响不应该导致民族特色文化的消亡，各种文化相互交融后的结果应该是千姿百态，应该是异彩纷呈。一个胸襟宽广的民族更需要的是智慧和远见，保护和传承文化是我们的责任，它关系到民族的兴衰和存续。作为炎黄子孙应该对民族的优秀传统文化存一种尊重敬畏之心，保护它的多样性，寻求与不同文化的共处、交融与繁荣。

随着经济的全球化，我们要欢迎更广泛的文化交往，积极吸收人类文明的成果，丰富自己。中华文明应该主动地走向世界，世界对我们了解得很少且肤浅，我们也有责任让世界认知中国文化的真相。

基于加强中国优秀传统文化保护与推广的目的，我们选取了春节、元宵节、清明节、端午节、中秋节、重阳节、腊八节、冬至节、祭灶节、京剧、评剧、豫剧、越剧、黄梅戏、木偶戏、舞龙舞狮、秧歌、庙会、武术、杂技等二十个优秀传统文化现象，一一介绍，力求表现各种文化现象的精髓，展现这些经过成百上千年选择与沉淀下来的中国文化的内容与形式。这二十个文化现象，有关民俗文化的占较大比重，而中国古代的民俗活动往往掺杂了许多迷信的成分，但要原汁原味地表现这些文化，不可避免地要提到，所以我们在了解这些文化的同时也要树立我们自己的正确的价值观，为提升我们民族文化的整体水平和民族整体的文化素养作出贡献。

中国文化的人文精神、崇德尚群、中和之境、整体思维、慎终追远的文化特质在它们中均有体现。这些文化特质既包含着自强不息的进取精神，更包含着尊重传统、鉴往察来的历史智慧。我们愿意将这些优秀的文化特质呈现给广大读者，更希望通过它让世界对中国有深层次的了解和认识，推动中国优秀传统文化走向另一个顶峰。

编者

2013年1月7日

目录

灶

灶是人类专门用来烹煮食物的工具。正如《说文解字》所说："灶，炊穴也。"中国人民在很早以前便发明了炊具，三国时期谯周的《古史考》记载："黄帝作釜甑。"关于炊具的记载近些年也得到了考古上的印证，根据龙山文化遗址考古成果可知，当时的居民已经开始使用陶炉进行烹饪，甚至将釜、炉连接塑成一体，匠心独具。时代更早的裴李岗居民，在半地穴形式的小屋中开始设置凹下地面的灶坑，或称为火塘。在发掘裴李岗文化遗址过程中经常发现有炊具放在火塘内。中国农村地区沿用至今的炉灶形制在汉代就已经得到普遍使用。

俗话说：民以食为天。生冷的食材要变成美味的食物，必须经过灶火的煎煮熏烤。从原始时代的石煎火烤到后来"瓦鬲煮食"，再到釜鼎烹调，都离不开灶火的功劳。因此出现灶神，以及将灶神作为一家之居家火神进行祭拜，就非常符合当时人民的心理实际。

龙山文化

龙山文化泛指分布于山东、河南、山西、陕西等地区新石器时代晚期的一类文化遗存，属于铜石并用时代文化，距今4350—3950年，因首次发现于山东章丘龙山镇而得名。

鼎是古代炊具之一

裴李岗文化

　　裴李岗文化是黄河中游地区（主要是河南省）的新石器时代文化，距今5300—4600年，由于最早发现于河南新郑裴李岗村而得名。重要遗址还包括汝州中山寨遗址、长葛石固遗址等。

釜、甗、鬲、鼎

　　釜、甗、鬲、鼎是中国古代的炊具。釜圆底而无足，用于蒸、煮；甗为圆形，有耳或无耳，只用于蒸食；鬲和鼎是三足炊具，都用于烧煮和烹炒，区别在鬲的足为空心，鼎为实心。

灶神崇拜的由来

　　中国民间对灶神的崇敬由来已久，追根溯源，这一信仰大概由原始先民的火神崇拜而来。在原始社会时期，先民们聚族而居，每个氏族聚居地都会燃烧着一堆长明火，用以照明取暖、驱除野兽、烧烤食物等，所以，在先民的生活中，火是至关重要的。由于原始先民还不能科学地认识大自然，所以便产生对火的崇拜，并创造出一位火神的形象和许多相关的神话故事。

火神祝融

　　由于火在先民生活中的重要性，在原始宗教中，火神的地位是很高的，是一位掌控一切、无所不能的神仙，所以被称为"火主神"。但是后来进入父系氏族公社时期，原始氏族群居部落开始解体，原始先民开始分家而居，长明火也随之分化成为每家的灶。这时，对火主神的崇拜也演变为对灶神的崇拜。而当火主神演变为灶神后，其作为神的地位也自然降低了，由氏族之共神变为一家之主神，开始只执掌一家人的寿夭祸福。

原始社会

原始社会是人类社会发展的第一阶段，以亲族关系为基础，经济生活采取平均主义分配办法。中国的原始社会起自大约170万年前的元谋人，止于公元前21世纪夏王朝的建立。

母系氏族公社

母系氏族公社是原始社会以母亲的血缘关系结成的基本单位，是世界各民族普遍经历的阶段。大约产生于旧石器时代晚期，新石器时代达到繁盛，并开始逐步为父系氏族公社所取代。

父系氏族公社

父系氏族公社是原始社会以父亲的血缘关系结成，以男子为中心，男子支配生产、生活和公共事务的基本单位，产生于母系氏族公社之后，其时间相当于青铜时代和早期铁器时代。

少数民族的火神崇拜

由于中国少数民族大多生活在偏远山林地区，经济极度不发达，以至于新中国成立后进行第一次人口普查时，很多少数民族还是保留着游牧民族的生活习惯，居无定所。在这样的条件下，他们必然不会产生像汉族那样的灶神崇拜，所以大部分少数民族直到今天还保留着对火神的原始崇拜，这可以看作是特殊的灶神崇拜。

哈萨克族把火视为圣洁的象征，认为它具有去污除灾的能力。远方的客人来到病人的住宅，进门时必须跨过火盆，以免给病人带来不幸。哈萨克牧民从冬季牧场转移到夏季牧场时，生两堆篝火，把牲畜从中赶过去。牲畜发生病灾后，则在畜圈四周燃起篝火，意在借助火的威力"驱赶"病魔。壮族也极其崇拜火神，将每年农历九月初九定为"送火神节"。壮族人民要在野外盖一间禾草小屋，祭礼后将草屋焚烧，意在祈求免除火灾。瑶族家家火塘里终年保留火种，火塘就是火神所在，不许吐痰、扔污秽的东西，否则就会受到火神的惩罚。

哈萨克族

哈萨克为"白鹅"之意。哈萨克族是哈萨克斯坦的主要民族，在中国主要分布于新疆维吾尔自治区、甘肃省和青海省，人口165万，使用哈萨克语，传统节日有肉孜节和古尔邦节。

火神崇拜牌位

壮族

　　壮族，旧称僮族，人口1700多万，是中国人口最多的少数民族，主要分布在广西、云南、广东和贵州等省区。壮族有自己的语言。壮族独特的壮锦，是"中国四大名锦"之一。

瑶族

　　瑶族是中国的少数民族之一，人口为26万，主要分布在广西、湖南、云南等省区。瑶族有自己的语言，自称"布努"、"黑尤蒙"等。传统节日有盘王节、达努节和啪嘎节等。

灶神形象的演变

　　灶神的名号，在历史上有好多种，除了通行的灶神外，中国民间还俗称其为灶君、灶王、灶王爷、东厨司命、司命主、张灶爷爷等。根据古代文献的记载，早期灶神的形象也是不统一的，但主要分为两种。一是男性灶神。早期男性灶神的形象主要有炎帝、祝融、黎。这三位也是中国早期社会民间广泛崇拜的火神，这也证明了灶神信仰来源于火神信仰。二是女性灶神。女性灶神形象一般为先炊之神。中国先秦时期有先炊之神，又叫炊母之神，是一个老妇的形象，掌管火灶之事。

灶神像

　　灶神逐渐由火主神转化为掌握一家人的寿夭祸福，地位有所下降，炎帝、祝融之类的火神神格较高，充当家居小神并不妥当；而老妇人作为灶神，一是形象缺乏神性的威严，再者也不适合后来"男尊女卑"男权意识的需

要，也不妥当。随着宗教体系和民间文学的发展，老百姓便创造出许多富有民间气息的灶王爷形象。

炎帝

炎帝是中华民族的始祖之一，又称赤帝、烈山氏，约4000年前生于姜水之岸（今陕西宝鸡一带），故以姜为姓。他与黄帝结盟并逐渐形成了华夏族，这才有了今天的炎黄子孙。

祝融

祝融，本名重黎，中国上古神话人物，号赤帝，后被尊为火神，是古时三皇五帝的三皇之一。据《山海经》记载，祝融的居所是南方的尽头，是他传下火种，教人类使用火的方法。

三皇五帝

三皇五帝是夏朝以前传说中的"帝王"。现在看来，他们都是原始部落首领，由于实力强大而成为部落联盟的领导者。三皇为伏羲、祝融、神农，五帝是黄帝、颛顼、帝喾、尧和舜。

灶王爷的传说(一)

　　古代有姓张的兄弟俩，弟弟是画师，哥哥拿手的活是盘锅台。大家都夸奖哥哥的垒灶手艺高，尊称他为"张灶王"。张灶王在他70岁那年的腊月二十三日深夜去世。张灶王去世后，几房儿媳妇都吵着要分家，画师也被搅得无可奈何。

　　就在张灶王亡故一周年的深夜，画师忽然把全家人喊醒，引到厨房，在忽明忽灭的烛光中，只见灶壁上若隐若现地显出张灶王和他已故妻子的容貌。画师说："我梦见大哥和大嫂已成了仙，玉帝封他为'九天东厨司命灶王府君'。你们平常不敬不孝，大哥知道后很气恼，禀告玉帝要下界来惩罚你们。"儿媳们听了这话，忙取来张灶王平日爱吃的甜食供在灶上，连连磕头恳求饶恕。从此全家平安相处。

　　其实，灶壁上的灶王像是画师画的，他是假借大哥显灵来镇吓家人，果真灵验。邻居知道后，都来找画师探听情况，他只得假戏真做，把灶王像分送给邻舍。如此一来，家家户户的灶房都贴上了灶王像。

分家

　　分家，是指亲属平分家产，分居各自过生活。分家主要是家庭人口发展，家长为便于管理，或更好地处理家中成员关系而采取的办法。在以前漫长的旧时代里，分家是常见的现象。

灶王牌位

府君

　　府君在汉朝时是对郡相、太守的尊称，后仍沿用。后来，府君也用来表示对已故者尤其是已故的父亲的敬称，也有把府君当作是对神仙的尊称的，如泰山府君。

太守

　　太守是秦汉南北朝时期的地方官职。秦朝设立郡守，汉景帝更名为太守。"太守"一职，为一郡之最高长官，除治民、进贤、决讼、检奸外，还可以自行任免所属官吏。

17

灶王爷的传说(二)

灶王爷原来是一个富家子弟，姓张名单，字子郭。张单曾娶一个贤慧女子郭丁香为妻，后来他喜新厌旧，休弃结发妻子丁香而续娶了一个叫作李海棠的女人。李氏好吃懒做，不久就把张家财产挥霍一空，后又改嫁他人。张单家又不幸遭遇大火，他的双眼也被烧瞎了，沦为乞丐，只好四处乞讨为生。一日，他讨饭来到一家门口，好心的女主人见他可怜，便做了好菜好饭招待他。言谈之中，张单发现这位女主人竟是自己的前妻丁香，顿时觉得羞愧难当，便一头扑进灶火里被活活烧死了。

玉皇大帝

张单死后变成了一个恶鬼，专门搜集庶民百姓家"违法犯纪"的隐私，整理成册，然后向玉帝汇报，靠打小报告获得小恩小惠。后来玉帝为了让他浪子回头，造福人类，便封他为"灶君"，让他司察人

间的功德善恶，并在每年的腊月二十三日回天庭去汇报一次。人们害怕他上天之后恶性不改、胡言乱语，便在他上天之日，摆上糖瓜来祭奠他。

结发

古时，男子到20岁，女子到15岁，分别要举行宣告成人的冠礼和笄礼。行冠礼和笄礼就是结发，把男子和女子的头发盘起来，以便戴冠和插簪。古人结发之后，可以结婚。

休妻

休妻是指古代男子离弃妻子的行为。休妻的原因在古代有"七出"的说法，即妻子如果有不顺父母、无子、淫、妒、有恶疾、口多言、窃盗七种情形中的一种，就会被丈夫休弃。

浪子回头

浪子，泛指不受习俗惯例和道德规范约束的放荡不羁的人，特别指不务正业、过着放荡生活的人。浪子回头这个成语就是指做了坏事或不务正业的人改过自新。

灶王爷的传说(三)

枣糕

　　相传很早以前有个馋嘴皇帝，想要尝尽天下所有的美食，所以命令公侯大臣天天为他找好东西吃，可嘴越吃越馋。于是他便巡游天下，亲自去找好东西吃。

　　一天，他在路上看见一个非常漂亮的姑娘。姑娘手里提着篮子，篮子里面放的是他从未见过的枣糕，香气扑鼻。他馋得一下子吃完了一篮子枣糕，还要姑娘再做七七四十九个。姑娘答应之后，拔出金簪子一画，四十九个热腾腾的枣糕就出现在篮子里。皇帝边吃边想，要是把姑娘抢回去做自己的后宫娘娘，这样就可以天天吃枣糕了。他不知道姑娘是仙女变的，伸手去拉姑娘，谁知被姑娘一巴掌打到锅台后面的墙上，再也动不了，只好永远站在那里眼睁睁地看人家吃饭。

　　后来，玉帝把这个可怜的馋嘴皇帝封为灶王爷。因为仙女打皇帝这天正好是腊月二十三日，所以人们就在这一天祭灶。人们知道灶王爷爱吃枣糕，每到这一天，就蒸枣糕给他吃。

五等爵

　　爵位是古代帝王给予皇族、贵族的封号，用以表示身份等级与权力高低。中国古代的爵位有五等，分别是公、侯、伯、子、男。公和侯是最高的两等，所以也用来指代王公贵族。

簪子

　　簪子是古人用以固定头发或顶戴的发饰，同时有装饰作用，质地通常为金属或者竹木、玉石、骨等，一般为单股（单臂）。妇女所用的簪子一般是双股，称为钗或发钗，形似叉。

后宫

　　封建帝王的宫殿一般分前后两部分，帝王在前面居住和处理国家大事，后宫是嫔妃生活的地方，也指代生活在后宫的女性。古人常用"后宫佳丽三千人"来形容古代皇帝嫔妃之众。

灶王爷的传说(四)

古代有个人叫张奎，小两口以讨饭为生。一天，他病倒了，病越来越重，为避免一同饿死，张奎央求妻子另寻活路，妻子没有办法，就哭着走了。后来，他的身体好了起来，就继续乞讨。

有一天，张奎到一家乞讨，发现女主人竟是自己的妻子，原来他妻子和别人结了婚。妻子知道张奎还没吃饭，就做饭让他饱食一顿。张奎经常挨饿，吃了一顿饱饭，竟一下子撑死了。妻子怕向新丈夫不好解释，就把他的尸体藏在院里的柴火垛里。后来，她总是端了饭碗到柴草垛前祷告，希望张奎不再挨饿。新丈夫发现后，再三盘问，妻子把事情讲了一遍，并保证说："只要有我一口吃的，就不能让他饿着。"新丈夫听了很感动，说："咱不如把他画下来，贴在灶头，不论我们吃什么，他都能先吃第一口。"

妻子十分赞同，就画了张奎的像供在灶头。她死后，新丈夫也把她画下来，和张奎贴在一起供奉，从此日子越过越好。人们也都学他画了二人的像，贴在灶头供奉。

乞丐的祖师爷

范丹，字史云，是东汉时著名学者，曾将全部家产施舍给饥民，并让饥民们替他去讨还财物，谁讨到归谁所有，后世的乞丐便尊奉范丹为祖师爷。

灶头

改嫁

改嫁是指已婚女人离婚或丧夫后嫁给另一个男人。在中国封建社会早期，妇女改嫁是不受限制的。然而到了明清时期，由于封建理学的发展，妇女改嫁则成为被礼教所不容的行为。

封建理学

理学是产生于北宋，兴盛于南宋、明清的一种哲学思想，又称道学。理学宣扬强化礼教、维护宗法，束缚了人性自由发展。朱熹就是宋代理学的集大成者。

23

种火之母

昆仑山

　　女性灶神的形象在先秦时期就已出现。被道教教徒奉为"南华真人"的庄子在他的《庄子·达生篇》中就有"灶有髻"的记载，西晋司马彪为《庄子》作注时说："髻，灶神，著赤衣，状如美女。"后来道教徒根据这一记载，加以发展、联想，创造出了种火之母的女性形象作为天下最大的灶神。

　　据《灶王经》叙述，种火之母原来独自居住在昆仑山，没有人知道她的来历。后来有位真人询问元始天尊，天尊才说出了她的来历。天尊说："惟此老母，是名种火之母，能上通天界，下统五行，达于神明，观乎二气，在天则为天帝，在人间乃

为司命。又为北斗七元使者，主人寿命长短，富贵贫贱，掌人职禄。"后来种火之母被派往人世担任"五帝灶君"，掌管人间住宅，了解人间每时每刻发生的事件，并将人间百姓所做的善恶统统记录在簿，每月初一的子夜上天向玉帝汇报。

道教

道教是中国固有的宗教，至今已有1800多年的历史。道教属于多神教，主要宗旨是追求得道成仙、垂法济人、无量度人，以《道德经》、《南华经》、《太平经》等为主要经典。

真人

真人是道教信徒的崇敬对象和效仿的榜样，在品级上高于一般的仙人，而且大多经过封建社会帝王的册封。南华真人、冲虚真人、通玄真人、洞真真人四大真人是诸多真人中的代表。

元始天尊

元始天尊，又名"盘古大帝"、"玉清元始天尊"，是道教神仙系统中的第一位尊神。元始天尊是道教众仙之祖，《历代神仙通鉴》称其为"主持天界之祖"，地位至高无上。

《灶王经》

　　社会上的诸多规矩和守则，其实是人对人的要求，而上升到神对人的要求，《灶王经》反映的就是灶王爷对大众百姓的行为要求和规范，是一本劝善的课本。

　　《灶王经》还用很大篇幅向社会上各行各业逐一宣示敬灶读经的好处，如"买卖商人念此经，陶朱事业火样红"，"手艺工匠念此经，心灵手巧显技能"，"年高老者念此经，眼不花来耳不聋"，"年轻学者念此经，一笔文章锦绣成"等。

　　道教也有《灶王经》，《道藏》收有《太上洞真安灶经》及

道教典籍

《太上灵宝补谢灶王经》，内容比较玄妙。民间的《灶王经》则通俗易懂，朗朗上口，旧时脍炙人口，可以被看作是信神祭灶、积德行善的通俗课本。《灶王经》作为为人处世的行为准则，虽然有些争议，但还是得到了普通大众的认可，过去被称为"善书"、"宝卷"。

陶朱

范蠡，字少伯，春秋楚国人，曾辅佐越王勾践兴越国，灭吴国，功成名就之后激流勇退，化名为鸱夷子皮，三次经商成巨富，同时三散家财，自号陶朱公，被后人追认为商人的始祖。

《道藏》

《道藏》是道教书籍的总汇，包括周秦以下道家子书及六朝以来道教经典。其分为《洞真》、《洞玄》、《洞神》三部，收录道藏中重要的经典；又有《太清》、《太平》、《太玄》、《正一》四辅，是对三洞的解释和补充。

脍炙人口

"脍"是切得很细、很新鲜的鱼肉；"炙"指的是烤熟的肉。脍和炙都是古人爱吃的食物，所以"脍炙人口"原来指人人爱吃的美食，后也用来比喻好的诗文受到人们的称赞和传颂。

灶神体系

　　《灶王经》，全称《太上灵宝补谢灶王经》，是一部系统阐述灶神体系的道教经典。这本《灶王经》由何人所撰、撰于何时，现在都已经无法考证。《灶王经》的最大贡献在于较为完整地记载了道教神仙体系中的各位灶神的名称，虽然年代久远，我们现在已经无法确切地了解每位灶神的具体来历和执掌范围，但是对于我们了解和研究灶神形象的历史演变还是有很大的帮助。《灶王经》中所列的诸位灶神如下：

神像

　　东方青帝灶君、南方赤帝灶君、西方白帝灶君、北方黑帝灶君、中央黄帝灶君、五方五帝灶君夫人、天厨灵灶、地厨神灶、天帝娇男娇女、灶中童子、灶曾灶祖、灶公灶母、灶伯灶叔、灶子灶孙、灶家眷族、内灶外灶、大灶小灶、长灶短灶、新灶旧灶、横灶直灶、五方游变灶君、左右

将军、炊爨童子、前后植火童郎、灶君小使、进火神母、游火童子、灶家娘子、姊妹新媳、七十二灶侍从、神众弟子。

灵宝派

灵宝派为早期道教派别之一，由东晋葛巢甫在《灵宝经》的基础上进一步造作"灵宝"类经典之后所创建。该派认为"斋直是求道之本"，其斋戒礼拜仪式在道教各派中最为完备。

五方、五色

古人根据五行理论把东、南、西、北、中五方和青、红、白、黑、黄五色相互联系，认为东方属木为青色，南方属火为红色，西方属金为白色，北方属水为黑色，中方属土为黄色。

五行

古人认为自然万物由金、木、水、火、土五种要素构成，称为"五行"。这五个要素相生相克，使得大自然产生变化，不但影响到人的命运，同时也使宇宙万物循环不息。

灶王奶奶

在封建社会，由于传统礼教在社会思想上占统治地位，男尊女卑的思想普遍存在，先秦时期就已经产生的女性灶神形象也因为这一思想从众多灶神形象中消失了。但是，炊事一般都由女性来操持。老百姓又觉得祭灶这种因炊事而起的信仰，应该有女性的形象，不适宜抹去。于是，到了唐代，民间又开始流传灶王奶奶的传说。

灶王奶奶据说是玉帝的小女儿，生性善良，向来同情天下的穷人。她后来爱上了凡间一个给地主家烧火的穷小伙子。玉帝知道后十分恼怒，把小女儿贬下凡间，跟那个穷小伙子受罪。王母娘娘心疼女儿，多次向玉帝求情。玉帝没有办法，只好勉强给那个烧火的小伙子封了个灶王职位，玉帝的小女儿也就自然成为了灶王奶奶。

所以我们现在见到的灶王像一般是一男一女的形象，男的是灶王爷，女的便是灶王奶奶。这既有早期信仰传统的原因，也和女性在居家生活中的家务分工有关。

礼教

礼教是古代社会封建统治者为巩固其等级制度和宗法关系而制定的礼法条规和道德标准，多指封建礼教。中国传统礼教多指基于儒家思想的三纲、五常等人伦、孝道思想。

石雕灶王爷和灶王奶奶

儒家

儒家是起源于春秋，崇奉孔子的学派，崇尚"礼乐"、"仁义"，提倡"忠恕"、"中庸"，主张"德治"、"仁政"。儒家思想是中国乃至东亚各国传统文化思想的核心和根基。

纲常

纲常，即"三纲五常"的简称，是封建时代帝王为维护封建等级制度、控制平民思想提出的理论。三纲是君为臣纲、父为子纲、夫为妻纲，五常为仁、义、礼、智、信。

司命菩萨

如来佛祖雕像

　　根据佛教信徒的说法，人间每家每户都有一个司命菩萨，那是如来佛祖派来专管人间善恶的。其中有个掌管赵家的司命菩萨，赵家的主人做了坏事，除夕这日，他就上天向佛祖禀报了赵家主人做的坏事。如来佛祖很生气，派火神下凡，将赵家的房屋烧了个精光，还弄瞎了赵家人的眼睛。

　　从那以后，各家各户怕司命菩萨上天说他们的坏话，每到除夕夜，主人就在灶门口点上香磕头，请司命菩萨上天言好事，下界保平安。到了大年初一的晚上，晚饭后都要将锅洗刷干净，在锅里倒上一点水，将碗倒扣，在碗底放油点灯，灯上面盖上米

筛。因这种灯到处放光，又不刺眼，人们叫它"百花灯"。百花灯是特意为司命菩萨点的，给他照路，接他回来。

人们只晓得上天禀赵家人做坏事的菩萨姓赵，就都把司命菩萨喊作赵菩萨。久而久之，"赵"和"灶"就搞混了。结果将错就错，将佛教的司命菩萨和道教的灶神混淆在一起，都敬起灶神来了。

佛教

佛教与基督教、伊斯兰教并称世界三大宗教，大约公元前6世纪创立于古印度。佛教信徒认为通过修习佛教可以看透生命和宇宙的真相，最终超越生死，断尽一切烦恼。

佛

佛是梵文佛陀的简称，意译为"觉者"、"觉"。觉有三义：自觉、觉他、觉行圆满。觉行圆满是佛教修行的最高果位。汉传佛教除指释迦牟尼外，还泛指一切觉行圆满者。

菩萨

菩萨是巴利文菩提萨埵的简称。菩提意思是"觉悟"，萨埵指一切有感情的众生，菩萨既是已经"觉悟的众生"，又以觉悟他人为己任。

灶王爷升天

　　传说灶王爷是玉帝钦派到民间监察人间善恶的神仙。他将尘世凡人所造善恶记载下来，定期向玉帝汇报。最初，玉帝命令灶王爷每月回天宫汇报一次工作。灶王爷深知凡人百姓疾苦，每次都借回去述职的机会，从天上带一些好吃的、好喝的分给百姓。玉帝察觉此事之后，很不满意，从此只准他每年年底上天汇报一次工作。

　　灶王爷每年年底向玉帝汇报工作时，将一年来百姓所做的善恶之事统统向玉帝汇报。玉帝在核实后，会做出一定的赏罚措施。如果平日多做善事，玉帝就会保佑这家人多子多福、升官发财，反之则会进行处罚。例如东晋葛洪在《抱朴子》中引用道家的说法，提出灶神与人的命数之间的关系："月晦之夜，灶神亦上天白人罪状。大者夺纪。纪者，三百日也。小者夺算。算者，三日也。"

　　老百姓害怕灶王爷汇报时说出不利于自己的话，所以就在灶王爷每年上天汇报工作这天祭祀灶王爷，叫作"送灶王爷升天"。

葛洪

　　葛洪（284—364），字稚川，自号抱朴子，东晋句容（今江苏句容县）人，道教学者、著名炼丹家、医药学家，世称小仙翁。著有《神仙传》、《抱朴子》、《肘后备急方》等。

厨房是灶王所居地

《抱朴子》

《抱朴子》是东晋葛洪创作的道家理论著作，主要论述神仙、炼丹、符箓等事。《抱朴子》总结了战国以来神仙家的理论，从此确立了道教神仙理论体系，在道教史上有重要地位。

符箓篆

符箓是道教中的一种法术，是在黄色纸、帛上写一些符号、图画，亦称"符字"、"丹书"。道教认为符箓是天神的文字，是传达天神意旨的符信，用它可以召神降妖、治病除灾。

媚　　灶

　　传说灶神一年四季常驻人间，监视着民间的一举一动。民间的日常生活又免不了一些鸡毛蒜皮、磕磕碰碰，旧时的人们担心灶王爷向玉帝打小报告，就跟灶王爷套近乎，俗称"媚灶"。

　　向神灵献媚是民间信仰的常有表现，也是鬼神崇拜的应有之举。在灶神的祭祀上，媚灶表现得更为生动有趣。由于灶神与百姓的关系紧密，人们对他既尊重又亲昵，常常在奉献祭品的同时，对灶神进行善意的调侃，甚至戏弄。而且我们可以发现在诸多民间传统祭祀中，对灶神的祭品是最简单朴素的，也是最接近日常生活的，这大概是因为灶神天天住在自己的家里，大家不把他看作外人。

　　民间的信仰习俗其实都是社会现实生活的反映，祭灶也不例外。媚灶的心理就是来源于旧社会的"媚官"。在旧社会里，由于"官本位"思想作祟，贪官污吏横行霸道，官大一级压死人，一些庶民百姓或者下属如不给官员、上级嘴上抹点油，腰里塞点钱，过节送点礼，就会身遭大祸。为求平安，人们不得不采用贿赂官吏的办法。

官本位

　　官本位思想是中国封建社会中一种腐朽的思想意识。在这种思想下，人们以官为贵，以官为尊，认为官职可以衡量一切，一切都要服从于官阶、地位，并用官职来评判人生价值的大小。

祭灶

官阶

　　官阶是古代判断官职大小的标准，自魏晋时期开始的九品官人法使用时间最长。它将官员自上而下依次分为一品至九品9个等级，每品中又有多个等级，如清朝共有9品18级。

庶民

　　庶本是广大、众多的意思，庶民最初也仅指大多数的百姓，无特殊含义。随着封建官僚主义思想的发展，庶民成为与官僚阶级相对的下等阶层，向来备受封建官僚的残酷剥削。

五　祀

　　五祀，又名五祭，是中国传统的祭祀制度之一，制定于商朝。五祀分别是户、灶、中霤、门、行。其中，门、户主出入，灶主饮食，中霤主堂室、居处，行主道路。

　　到了周朝，不同等级的人，祭祀的数量也不同。王立七祀，分别为司命、中霤、国门、国行、泰厉（厉即山神，泰厉指泰山之神）、户、灶；诸侯立五祀，分别是司命、中霤、国门、国行、公厉；大夫立三祀，即族厉、门、行；士立二祀，即门、行；庶人立一祀，或霤，或灶，或户。汉代确立的五祀之制为春祭户，夏祭灶，六月祭中霤，秋祭门，冬祭井。之后形成了普通民众祭祀山神、门户的习俗。在明代士大夫只许祭灶，故在明代从士大夫到普通百姓，于腊月二十四日夜以果酒祭灶，以送五祀神。

　　后来，随着风水学的发展，五祀成了五位神仙，即五祀神。风水师认为，每家每户都有五位神仙，分别掌管着家中最重要的五件事，它们分别是：门神、户神、井神、灶神、中霤。

门户

　　古代，"户"字指单独的一个门扇面，两个"户"合在一起才是完整的"门"，后人用"门户"统称房屋的出入口或家中的正门。门是一个家庭的脸面，所以也用门户来代指家庭。

古代祭祀

中霤

霤的本义是下雨时从屋檐上滴下的雨水。中国古代早期的建筑正中央一般建有天井以透光，所以天井又叫作中霤。中霤也用来指代屋室的正中央，后来又发展成为掌管家中土地之神。

风水

风水，指住宅基地、坟地等的地理形势，如地脉、山水的方向等。迷信的人认为风水好坏可以影响其家族、子孙的盛衰吉凶。

孟夏祭灶

　　如今民间祭灶的时间，一般都是在腊月下旬。其实在历史上，腊月祭灶并不是从来如此的，是在几经变化之后才最终确定下来的。根据史料记载，古时百姓一年之内可以有多个时间祭灶，主要的有孟夏、八月和腊月三个时间。

　　在汉朝之前，中国祭灶是在孟夏进行，而具体的时间一般是农历四月初一。在战国以后兴起的五行观念中，灶等同于火，火又等同于夏天。我们之前说过，对灶神的崇拜来自于原始社会时先民对于火神的崇拜。正是这种灶神与火神的联系，影响到了祭灶的日期。古人认为夏天炎热，是火神或者灶神降临凡间的时间，所以定在夏天的中间进行祭灶。

祭灶

有关孟夏祭灶的说法，在《礼记·月令》中就已出现："孟夏之月，其祀灶。"汉朝郑玄在注解《礼记》时，对记述周代孟夏祭灶的礼节颇为详细，祭祀所用菜肴食物都是黍米酒和牲畜内脏。此后历代官家祭祀，或在孟夏，或在季夏，但是都用肉食和甜酒。

孟夏

孟夏，指农历四月。农历一年四季中的每个季节都有"孟"、"仲"、"季"的排列。农历夏季的三个月即四月、五月、六月，分别对应称为"孟夏"、"仲夏"、"季夏"。

《礼记》

《礼记》是战国至秦汉年间儒家学者解释说明经书《仪礼》的文章选集，是一部儒家思想的资料汇编，也是一部重要的典章制度书籍，与《周礼》、《仪礼》合称"三礼"。

郑玄

郑玄（127—200），字康成，高密人，东汉经学大师、大司农。郑玄是东汉经学的集大成者，兼采今、古文经说，编注群经，著有《天文七政论》、《中侯》等书。

八月祭灶

祭灶节也会举办庙会

　　相传，每年的农历八月初三是灶王爷的生日，所以在中国部分地区以及一些少数民族中，有在八月初三日祭灶的传统。例如，老北京人按照民间过生日吃"寿面"的习俗，每年的八月初三，要在灶王爷画像前供上三碗寿面并焚香礼拜。

　　每年坚持在八月初三祭灶的人中有一支最重要的力量，就是全国各地的厨师。厨师把灶王爷视为自己这个行当的祖师爷，所以八月初三这天也称为"厨师节"，还会举行"灶君会"的活动。八月初三，是老北京唯一盛行的厨师行业界的"节"，经常会举行盛大的庙会。它盛行于明清之时，直到"七七事变"前都有活动。这一天老北京的厨师集中在灶君庙或祠堂内举行祭

祖活动，还要交流技艺经验、收授门徒、牵线找工作等，最后还要请戏班演大戏。这一天，许多厨师出身的饭庄老板也前来祭灶神，一是向大家表示不忘本，二是希望通过拜祖，灶王爷能保佑自己生意兴隆。

寿面

　　中国传统食品中面条最为绵长，寿日吃面，表示延年益寿。所以过寿之时的面称作"寿面"。旧时，寿面要求每根长三尺，每束须百根以上，盘成塔形作为寿礼，敬献寿星。

庙会

　　庙会，又称"庙市"或"节场"，是指在春节、元宵节、中秋节等传统节日期间，人们在寺庙附近聚会，进行祭神、娱乐和购物等活动，是中华文化传统的节日风俗。

七七事变

　　七七事变，又称卢沟桥事变、七七卢沟桥事变，是1937年7月7日发生在中国北平卢沟桥的中日军事冲突，日军就此全面进攻中国，也是中华民族全面抗日战争的开始。

腊月祭灶

早在周代时，不论官宦之家还是平民百姓家，年底都要举行一次"岁终之祭"，规模之盛大、隆重为一年中之最。这次祭祀活动的名称就叫作"腊"。民间之所以把农历一年中最后一个月称为"腊月"，就是这个原因。举行腊祭的这一天，则叫作"腊日"。关于腊祭即腊日节的时间，自周代以来历朝都在十二月固定不变。至于在十二月的哪一天，秦以前的文献中没有明确记载，汉以后也是不尽相同。

腊祭的对象，是列祖列宗以及五位家神。腊祭时，人们虔诚地奉上各式祭品，答谢祖宗与家神的保佑恩赐，祈求来年风调雨顺，五谷丰登，六畜兴旺，合家康宁。五位家神指的就是前面提到的五祀神：门神、户神、井神、灶神、中霤。

封建社会早期，由于一年之内的祭祀活动次数过多，影响到了人们的生产活动，所以东汉以后，人们开始调整祭祀活动的次数，合并了一些祭祀活动，再加上历法的调整，夏季祀灶的习俗逐渐淡化，腊日祭灶则成为年终祭祀活动的重头戏。

腊

"腊"原本读昔，指干肉，也就是我们现在说的腊肉、腊肠。而年终祭祀的"腊"原本写成"臘"，因为腊肉一般在臘祭前后制作，人们为了书写时简便，就把"臘"写成了"腊"。

祭灶神

五谷

　　"谷"原来是指有壳的粮食，五谷是古代所指的五种谷物。关于五谷，古代有多种不同说法，最主要的有两种：一种指稻、黍、稷、麦、菽；另一种指麻、黍、稷、麦、菽。

六畜

　　六畜或称"六扰（驯服之意）"、"六牲"，是六种家畜的合称，即马、牛、羊、猪、狗、鸡。这六种动物被人类驯养的历史很久远，"六畜"的名称出现也较早，秦汉时就有了。

祭 灶 官

东汉之后，虽然几经变化，一年一度的祭灶活动定在了每年的腊日，但是腊日本身就是一个尚不确定的日期。后来因为佛教的传入，民间把腊日定在释迦牟尼的成佛日，也就是腊月初八，又称"腊八"，但是到了后来腊八本身的祭祀活动越来越隆重，一日之内进行两次盛大的祭祀活动不太合适，故祭灶的时间最终确定在每年的腊月二十三日前后。

为什么将祭灶节定在腊月二十三呢？这其实是出于实际的便利和需要。祭灶一般是春节的前奏，如果祭灶日选定为十二月的上旬或中旬，这将使过年的准备工作拖得太长，如果祭灶日选定在过年前的一两天，又显得过于紧迫，似乎让人忙不过来。经过权衡，大多数人普遍认为，祭灶放在春节前一周左右最为合适，所以就把腊月二十三日定为祭灶节，也是欢度新年的开始。人们从这天起，按部就班地走向新年，既可以做好充分的准备，又孕育了节日隆重的气氛，无疑是比较合理的日程安排。

释迦牟尼

释迦牟尼，佛教创始人。原名乔达摩·悉达多，本为迦毗罗卫国太子，父亲为净饭王。成佛后被称为释迦牟尼，尊称为佛陀，在民间信仰中信徒也常称其为佛祖。

灶王爷和灶王奶奶

净饭王

净饭王是古印度迦毗罗卫国的国王，亦即佛陀的父亲，是佛教最早的护法之一。净饭王姓乔达摩，名字叫首图驮那，意思是纯净的稻米，所以称为净饭王，属于释迦族。

腊八粥

释迦牟尼经六年苦行，每日仅食一麻一米。第六年的腊月八日，终于悟道成佛。佛教信徒为了不忘佛祖所受的苦难，把这天定为佛祖成道日，吃粥以做纪念，后世称为"腊八粥"。

过 小 年

　　腊月二十三是中国民间祭灶的日子，民间又称这一天为"小年"。那么，这一天为什么叫作小年呢？这和中国一种古老的历法——十月历有关。

　　十月历，每一个历年为一个回归年。每年也有365或者366天，但是以36天为一个月，每年共10个月。剩下的5或6天，单独叫作过年日，不计在任何一个月内。十月历的元月一日，也就是新年，相当于农历的正月初一，所以过年日的第一天则相当于农历的腊月二十三日或者二十四日，于是人们就把腊月二十三日，开始进入过年日的这天叫作小年，正月初一也就是春节叫作大

北方祭灶日晚餐中必有饺子

年。十月历中过年日的这种规定，也是后世把祭灶改定为农历十二月二十三日的一个原因。

　　关于小年的来历，还有另外一种说法。在中国北方的一些地区，祭灶日当天的晚餐中必须有饺子。但是在旧社会，普通百姓生活贫苦，一年之内只有两次吃饺子的机会，一是除夕和春节，二就是祭灶节，于是就把祭灶节叫作"小年"。

历法

　　人们为了有规律地进行农业生产，通过推算日、月、星辰的运行规律，发明了一种用日、月、年为单位计算、确定时间的方法，就是历法。历法一般分为阴历、阳历和阴阳历。

回归年

　　四季构成的一年，就是一"回归年"，也称"太阳年"。回归年的天文意义是指太阳连续两次通过春分点的时间间隔。回归年的长度为365天5小时48分45.975 456秒。

十月历中的火把节

　　十月历最初是将北斗星旋转一周定为一年，把斗柄朝上的六月初定为火把节，斗柄朝下的正月初定为星回节，也就是新年，二者同等重要。这种习俗如今在彝族、白族等少数民族中依然盛行。

官三民四船五

渔民腊月二十五祭灶神

　　虽然"二十三，祭灶官"的谚语广泛流传于各地，但是各个地区由于地域、风俗的不同，在祭灶的时间上还是有一些微小的差别。大致来说，北方地区多在腊月二十三日，南方地区多在二十四日。一些地方则没有严格的规定，二十三、二十四日都可以，通常是二十三日祭灶，二十四日打扫屋子，或者二十四日祭灶、扫尘一块进行。特殊情况也是有的，例如湖北省宜昌地区二十二日祭灶，二十三日扫屋，而广东省遂溪县以及福建省的建阳、建宁一带则是二十五日送灶。

　　此外，在清代民间有"官三民四船五"（或称"官三民四

蜑家五"）的说法，即官府祭灶是在腊月二十三日，一般百姓家中祭灶在二十四日，水上人家则在二十五日祀灶。前面说广东、福建等地区二十五日祭灶，正是因为当地居民多以打鱼为生。百姓家中如果有人在科举中考取了秀才以上的功名，官府为进行褒扬，通常也会允许他们在腊月二十三日祭灶。

蜑家

蜑家是对广东、广西和福建一带一种以船为家的渔民的统称，多从事渔业和水上运输。旧称蜑户或蜑民。

科举

科举是封建社会通过考试选拔官吏的一种制度。由于采用分科取士的办法，所以叫作科举。科举制从隋朝开始实行，到清朝光绪三十一年（1905年），共经历了1300多年。

秀才

秀才别称"茂才"，本系优秀人才的通称，汉代以后，成为荐举人才的科目之一。唐代初期，设秀才科，后来渐渐废去，仅作为对一般儒生的泛称，习惯上也称其为"相公"。

忙　年

　　春节是中国最盛大、最重要的传统节日，中国各地人民一般从腊八节之后便开始进入了春节的筹备阶段。而到了腊月二十三日小年这一天，人们开始要为过年准备食品、衣服等各项年货，要祭祖，要拜神，要贴对联，要准备鞭炮等。从腊月二十三到除夕大约一周的时间，家家户户都在为春节做紧张的准备工作，俗话叫作忙年。

　　忙年的各项工作细小而又繁多，但是经过中国人民的精心安排，显得井井有条。各地都有关于忙年各项工作安排的民谣，例如：

　　二十三，祭灶官；二十四，扫房子；二十五，炸豆腐；二十六，去割肉；二十七，杀年鸡；二十八，洗邋遢；二十九，

祭灶的同时还得忙年

去打酒；三十儿，贴门神捏鼻儿；大年初一，撅屁股作揖。

再如：

腊八粥过几天，哩哩啦啦二十三。二十三糖果粘，二十四扫房子，二十五炸豆腐，二十六炖猪肘，二十七宰公鸡，二十八把面发，二十九蒸馒头，三十晚上熬一宿。

年货

每年过传统春节时提前准备的应用物品叫作年货，可分饮食、衣着、祭品、玩耍、点缀等几类。年货的品种有香烛、纸马、鞭炮、年画、红纸、白糖、烟茶、糖果、佐料等。

洗邋遢

旧时由于受到生活条件的限制，普通百姓沐浴的机会较少，尤其是寒冷的冬天，所以在春节前一定要进行一次沐浴，一是洗去忙年的劳累，再者也有除尘（陈）迎新的美好寓意。

撅屁股作揖

作揖是中国人见面时的传统行礼形式，两手抱拳高拱，身子略弯，表示向人敬礼，以示尊敬之意。因为作揖时身体需要前倾，所以民间戏称作揖为"撅屁股作揖"。

神煞上天，百无禁忌

各位神煞

　　在道教的神仙体系中，玉皇大帝向人间派遣了120个吉神（如天德贵人、三奇贵人）和125个凶煞（如元辰、孤辰寡宿）。这245个神煞各自掌管一定的事项，并且按照每天一个吉神、一个凶煞的搭配方式轮流值班。每天当值的吉神将会保佑老百姓顺利完成自己分管的事项，同样，老百姓如果做当值凶煞分管的事项，则会极为不顺，也叫作"冲煞"。后来根据神煞的值班顺序，列出了每日适宜和不宜的事项，附在黄历上，便于百姓查阅并按规定行事。

　　道教认为到了每年的年底，各位神煞都要上天向玉帝汇报一年来的工作。所以在年底的这段时间，人间没有吉神和凶煞值班和监督，百姓做事不用再考虑是否"冲煞"，可以放心去做。所

以，民间流传有"神煞上天，百无禁忌"的说法。但是在这段时间也并不是毫无禁忌的，因为传说玉帝听完神煞的汇报后，还要来人间巡查核实，所以旧时老百姓还是不敢过于放肆，只敢违反一些玉帝不屑于过问的小禁忌。

四柱神煞

古人从245位神煞中挑选出与人类命运关系紧密的34位作为四柱神煞，根据人出生的年、月、日、时的四柱八字可推算出每人命数中照应和冲犯的神煞，从而预测人一生中的吉凶。

黄历

黄历是中国古代历法之一，相传是由黄帝创制，所以称为"黄历"。古时由钦天监计算颁定，因此也称皇历。其内容指导农民耕种时机，故又称农民历。民间俗称为通书。

钦天监

中国历代均设有专门掌管观察天象、推算节气、制定历法的官署和官员，相当于国家天文台，宋朝之前一般称为太史曹或太史局，宋代改称司天监，明清两代则称为钦天监。

熬　年　关

相传很久以前，有一种凶猛的怪兽叫"年"，也叫作"夕"，散居在深山密林中。它生性凶残，总是吞食牲畜、伤害人命。后来，人们慢慢掌握了"年"的活动规律。它每隔365天从山里出来一次，而且出没的时间都是在天黑以后，等到鸡鸣破晓，它便返回山林中去了。后来人们便把这可怕的一夜视为难熬的关口，称作"年关"，也叫"年夜"、"除夕夜"。

每到这晚，每家每户都提前做好晚饭，拴好家里的牲畜，把所有的门窗都封住，躲在屋里吃"年夜饭"。由于这顿晚餐后凶吉未卜，所以准备得很丰盛。除了要全家老小围在一起用餐表示和睦团圆外，还须在吃饭前祈求祖先保佑平安度过这一夜。吃过晚饭后，谁都不敢睡觉，坐在一起壮胆，就逐渐形成了除夕熬年守岁的习惯。

在旧社会，欠租、负债的人必须在过年前清偿本年的债务，债主在祭灶节前后也开始频繁地讨债。对于贫苦人家来说，过年像过关卡一样，所以也称为熬年关。

除夕

传说有只凶猛的"夕"兽，在每年最后一天的晚上都会出来残害百姓，后来人们用贴桃符、放鞭炮等方式除掉了"夕"兽，于是就把这天晚上叫作除夕，举行盛大的庆祝活动。

百姓家的年夜饭

占卜

　　原始时期，人们火烧乌龟壳，通过观看龟壳上烧出的裂纹来预测未来的吉凶。"卜"字的形状就是模仿龟壳上的裂纹，用口询问卜的结果就是"占"字的最初含义。

守岁

　　守岁是指除夕夜从吃年夜饭开始，一夜不睡，熬夜迎接新一年到来的习俗。古时守岁有两种含义：年长者守岁为"辞旧岁"，有珍爱光阴的意思；年轻人守岁，是为延长父母寿命。

跳 灶 王

　　宋代以后，每年从腊月一日开始，每个城市中的乞丐就三五成群地打扮成灶王爷、灶王奶奶的模样，每天敲着锣、打着鼓，沿着大街挨家挨户地乞讨，直到祭灶日才停止。到了明代，这种习俗则只在二十四或二十五日进行，民间称之为"跳灶王"。跳灶王的乞丐们一般在脸上涂满五颜六色的颜料或者直接戴面具，有的在集市中表演，有的沿门叫跳。他们的打扮也不尽相同，有的打扮成灶神、灶母，有的则打扮成地府判官，也有的打扮成钟馗的模样。所以在一些地区，跳灶王又被称为"跳钟馗"。

　　中国自汉代开始，皇家宫廷里每年年底都会举行盛大的跳傩逐疫的仪式。皇上安排一些人打扮成凶神恶煞的样子，然后再命令一位官员率领120位10岁以上、12岁以下的儿童拿着戈矛、围着皇宫中的各个宫殿追赶他们。皇宫内的其他人则敲着锣鼓、举着火把在旁边大声叫好。这种仪式是为了驱逐疫鬼，抑制阴气，后来也被民间广泛采用。跳灶王的活动也是由这种驱傩礼俗变化而来的。

地府判官

　　迷信传说认为判官位于阴曹地府天子殿中，负责审判来到冥府的幽魂，判处人的轮回生死，对坏人进行惩罚，对好人进行奖励。阎罗王殿里文武四大判官分别是赏善司、罚恶司、阴律司、查察司。

钟馗

钟馗

钟馗是中国民间传说中能打鬼驱除邪祟的神，据说他长得豹头环眼，铁面虬髯，相貌奇异，鬼见了都害怕，所以民间常挂钟馗的像赐福镇宅，跳钟馗舞祈福祛邪。

傩

"难"的本义是就擒之鸟，引申为不能动弹、被束缚住。"人"与"难"联合起来，即傩，表示能用法术使危害人类的妖魔鬼怪不能动弹的人，也就是能够咒魔、驱鬼的术士。

送　　灶

　　送灶是祭灶仪式中最重要的一项，也是祭灶节的核心内容。如同各地祭灶的风俗不同，送灶仪式的具体方式、供品也不尽相同，但是大致的程序还是一样的。

　　送灶一般都在黄昏入夜时举行。一家人在灶台前摆好供桌，并供上用饴糖、面粉制作的各种供品，如糖瓜、年糕等，然后将用纸扎成的纸马和喂牲口的草料也摆放在灶前。仪式正式开始后，向设在灶壁上神龛中的灶神像敬香，从男性家长开始，家中男子依次向灶王爷叩头祭拜。祭拜完之后，由男性家长将神龛中的灶神像小心翼翼地揭下，然后用准备好的麦芽糖涂抹灶王爷的嘴唇，意味着用糖封住他的嘴，在玉帝面前只能点头称是。之后，将灶王像、纸马和草料一起放入灶中焚烧。这时，男性家长要边烧边说："今年又到二十三，敬送老君上西天。有壮马，有草料，一路顺风平安到。供的糖瓜甜又甜，请对玉帝进好言，保佑我家喜事连。"家中其他成员则肃立在四周，同时默默祈求灶君保佑。

神龛

　　神龛也叫"神椟"，是放置神佛塑像或祖宗灵牌的木质小阁。神龛大小规格不一，依祠庙厅堂宽狭和神像的多少而定。其中，祖宗龛多为竖长方形，神佛龛多为横长方形。

祭祀灶神的神龛

西天

　　西天是中国古代对印度的称谓，因为印度古称天竺，在中国西南方向，故称"西天"。《西游记》中所谓"西天取经"即指去印度取经，并具体指出是天竺国中的"灵山"。

灵山

　　据佛教说法，佛祖成佛后造出一片庄严、平等、清净的国土，叫西方极乐世界，脱离生死轮回的圣者都居住在这里。这个极乐世界处在灵山之上，如来就住在山上的大雷音寺里。

迎玉帝

　　迎玉帝，又叫接玉帝，是送灶王之后的一项习俗，也属于祭灶节的一部分。

　　玉帝是道教中的最高天神，统管神、人、鬼三界。传说，腊月二十三，人间恭送灶王爷上天述职，向玉帝说明人间各家各户一年中的所作所为。玉帝为了核对灶王爷所说的是否属实，必须深入人间了解情况，所以在腊月二十五日下凡到人间，经查明确认之后，做最后的处罚定罪，有罪者罚以减寿。据记载，在这一天迎接玉帝时，各家各户都要设祭案，焚香叩拜，虔诚地欢迎玉帝来人间核查。三清、灶神、城隍、土地等诸位神仙要陪伴玉帝视察，玉帝在人间要日夜视察五天整，到腊月三十日即除夕之夜才会回到天上。

　　在一些地方，迎玉帝的当天还要用杂豆、杂米煮粥，叫作"口数粥"，家中无论老少，甚至家中猫狗等牲畜都要饮用。如有家人外出，也必须为其备留一份。据说饮用此粥，可以免除灾疫，使家中人畜不发出呻吟、吵闹之声，以免影响玉帝视察人间。

三清

　　三清，总称谓是"虚无自然大罗三清三境三宝天尊"，指道教所尊的玉清、上清、太清三清境，也指居于三宝景阳宫的三位尊神，即玉清元始天尊、上清灵宝天尊、太清道德天尊。

城隍

　　城隍，有的地方又称城隍爷。他是道教中阴间的地方官，职权相当于阳间的市长。城隍本指护城河，后来演变成地方的守护神，中国很多城市都还保留着供奉城隍爷的城隍庙。

土地爷

　　土地爷又称土地、土地神，是道教神系中地位最低的神仙，道教中的正式名称为"福德正神"，是民间信仰中的地方保护神。旧社会，凡是有人居住的地方都要供奉土地爷。

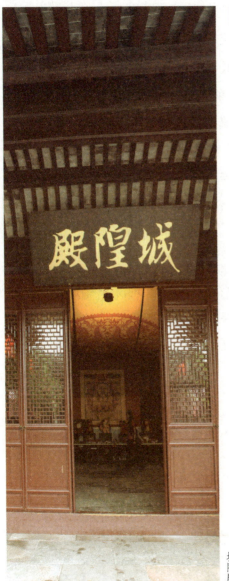

城隍殿

接　　灶

接灶，也就是接灶神，是除夕夜（部分地区也有在上元夜）迎接灶王爷回家的重要风俗。腊月二十三送走了灶王爷，所以除夕还要再把他迎接回来，祈求来年继续保佑全家安康。

其仪式是：在除夕的子夜前把新请回的灶神像贴在锅灶后面的墙上，有的则是贴在灶房墙上神龛里，然后上供、烧香、叩头，表示把灶王爷迎接回来了。此时，作为一家之主的灶君又回到了人间。新的灶神像贴好之后，两旁还要贴上一副对联："奏去人间事，带来天上春"或"一家司命主，万载降福神"，横批是"一家之主"或"司命主"。这个新迎回的灶王爷，直到下一年的腊月二十三才能再被送走。

各地接灶的形式也不完全相同。江苏吴地除夕接灶时要在神龛的两角悬灯挂锭，作为来年获利之兆；南京一带接灶时，先在锅里放一块豆腐，传说诸神见谁家锅里只剩豆腐，便知道他家贫穷至极，来年保佑发家致富。

上元节

每年农历的正月十五日，是中国传统节日元宵节，家家户户出门赏月、燃灯放焰、喜猜灯谜、共吃元宵。元宵节又名"上元节"，因为上元含有新的一年第一次月圆之夜的意思。

新请的灶王像

请神像

　　请神像是旧社会百姓对购买神像进行避讳的一种说法。旧时百姓受迷信思想影响，认为神像是神灵的寄居之处，具有灵性。购买佛像不能说买，要表示尊敬地说"请"。

豆腐的发明

　　豆腐是中国各地常见的一种食品，相传是公元前164年由汉高祖刘邦之孙——淮南王刘安发明的。刘安在八公山上烧药炼丹的时候，偶然以石膏点豆汁，从而发明豆腐。

65

灶神像、灶王对

在旧社会，家家户户的灶头后都要供奉灶王爷的神像，因为百姓迷信地认为灶王爷是"一家之主"，谁家没有供奉灶神像，来年就会家破人亡。所以每到祭灶节前几天，集市上的很多商店都会出售灶神像。有些地区，乞丐在"跳灶王"时每人拿着一摞灶神像，挨家挨户地叫卖，名叫"送灶王爷"。

灶神像上有的只画有一个灶王爷，有的画有灶王爷、灶王奶奶。神像中灶王爷的打扮也是多种多样的，有的是骑着马，有的是穿着乌纱、蟒袍，还有的是打扮成一个道士的模样。在老北京有一个习俗，就是每年贴的灶神像必须是一样的，不准倒换成别的样式，否则就叫"倒灶"，这个"倒换"的"倒"与"倒塌"的倒一样，非常不吉利。

一般在贴完灶王像后，在神像的两边还会贴上灶王对。灶王对是春联的一种，内容都是对灶神的赞颂或者祈求吉祥的文字，如"上天言好事，下凡降吉祥"、"东厨司命主，人间监察神"等，横批一般是"一家之主"、"司命灶君"、"永保平安"等。

乌纱

乌纱原是民间常见的一种便帽，因为用黑纱做成，所以叫作乌纱帽。隋朝开始作为官员专用的礼帽，到宋朝时加上了双翅，明朝以后，乌纱帽又成为官员的代名词。

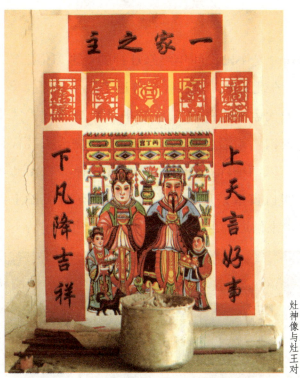

灶神像与灶王对

蟒袍

　　蟒袍是古代皇帝、王公贵族等高贵身份的人所通用的礼服，一般是齐肩圆领、大襟阔袖，因为上面绣着蟒的图样，故称。在古代，蟒袍加身意味着位极人臣，荣华富贵。

横批

　　横批是指挂贴于一副对联上头的横幅。所谓"横"，指的是横写的书写方式；"批"，含有揭示、评论之意，对整副对联的主题内容起补充、概括、提高的作用。

醉 司 命

醉司命是中国民间年终祭灶神的众多习俗之一。这种习俗由来已久，在北宋时期就已经很普遍了。

据宋代孟元老的《东京梦华录》记载："二十四日交年，都人至夜请僧道看经，备酒果送神，烧合家替代钱纸，贴灶马于灶上，以酒糟涂抹灶门，谓之醉司命。"由此可见，宋代腊月二十四日夜里祭拜灶神的时候要在炉灶上贴上纸马，备好酒果，并请来僧道诵念佛经或道经，焚烧纸钱来恭送灶王爷上天。

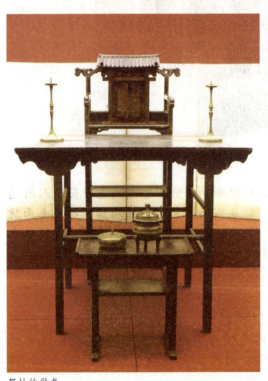

祭灶的供桌

同时，老百姓还在灶门上涂抹酒糟，目的在于让灶王爷醉醺醺地上天述职。当灶王爷向玉帝汇报人间万事时，一是因为吃了人间百姓的好处，二是因为醉酒，就可以糊糊涂涂地交差完事，少说人间的坏话，让人间免受苦难。这就是所谓的"醉司命"。

但是后来，老百姓觉得每次都让灶王爷醉醺醺地回宫述职，老是

一副醉汉的模样，似乎也不太合适，所以人们又采用了另外的方式，用麦芽糖祭灶。

《东京梦华录》

《东京梦华录》是宋代孟元老的笔记体散记文，是一本追述北宋徽宗年间都城东京开封城市风貌的著作，为我们描绘了这一历史时期上至王公贵族、下及庶民百姓的日常生活情景。

酒糟

酒糟在某些地区叫作"酒渣"，是从米、麦、高粱等谷物中蒸出酒精或酒精饮料后剩余的残渣，一般用作家畜的饲料。中药学认为酒糟也可以入药，可以活血止痛、温中散寒。

司命

中国古代为了便于辨认和观测星体，把若干颗恒星按照一定的形状组成一组，称为星官，司命最初就是一个星官。后来，在道教的神仙体系中，司命成为掌管人间百姓寿命的神。

素供祭灶

祭灶供品

　　祭灶时所用的供品，也有一个逐渐变化的历史过程。最早的祭灶作为对先炊老妇的报恩报德行为，主要是用粟和稻，也用豕、鱼、兽。《四民月令》中说十二月祭灶是用稻、雁作为祭品，这是先民祭灶传统的保留。五祀的用品有一定的规定，据《白虎通义》说是天子、诸侯用牛，卿大夫用羊，所以汉代腊日官府经常有赐羊之举。《四民月令》说五祀之前五日杀猪、三日杀羊。

　　猪作为最普通的家畜，一直是祭灶用品。《荆楚岁时记》说腊日以豚酒祭灶，反映的就是民间的一般情形。汉、唐期间，用猪头祀灶一直是十分普遍的。据说用猪头祭灶，"令人治生万倍"。到了宋代，民间已然传承着这一风俗，即使贫寒之家也不

能免俗，所以每到祭灶时，家徒四壁的家庭也要想尽办法准备猪头作为供品。

值得注意的是，由于唐、宋两代佛教和道教得到了充分的发展，在民间也积累了足够大的影响力，民间风俗也广泛受到佛、道教义的影响，祭灶的供品开始向素食发展。等到了明清时期，民间祭灶的祭品基本上都是素供了。

《四民月令》

《四民月令》是东汉后期叙述一年例行农事活动的专书，是东汉大尚书崔寔所著的农业著作，成书于2世纪中期，记载了田庄从正月直到十二月中的农业活动和手工业生产活动。

《白虎通义》

《白虎通义》是班固等人根据东汉章帝建初四年（79年）经学辩论的结果编撰而成，因辩论地点在白虎观而得名，内容涉及礼仪风俗、国家制度、伦理道德等各个方面。

《荆楚岁时记》

《荆楚岁时记》是记录中国古代楚地(现湖南、湖北、安徽一带)岁时节令、风物故事的笔记体文集，南北朝梁朝宗懔撰。全书一共37篇，记载了自元旦至除夕的二十四节令和时俗。

灶　　糖

在民间，祭灶节流行吃"灶糖"，意为用黏性很大的灶糖封住灶王的嘴，让其上天言好事。灶糖通常用麦芽糖做成。麦芽糖是米、大麦、玉米、粟等粮食经发酵制成的糖类食品，甜味不大，能增加菜肴品种的色泽和香味。麦芽糖有软、硬两种，软者为黄褐色浓稠液体，黏性很大，称胶饴；硬者由软糖凝固而成，为多孔之黄白色糖饼，称白饴糖。

全国各地均产灶糖，把它抽成长条形的糖棍称为关东糖，拉制成扁圆形的就叫作糖瓜。冬天把它放在屋外，因为天气严寒，糖瓜凝固得坚实而里边又有些微小的气泡，吃起来脆香甜酥，别有风味。真正的关东糖坚硬无比，摔不碎，吃时必须用菜刀劈开，质料很重很细，口味微酸，中间绝对没有蜂窝，每块重50克、100克、200克不等，价格也较贵一些。糖瓜分有芝麻的和没芝麻的两种，中心是空的，成交以重量计算。有的糖瓜可以达到1千克重，不过往往是商贩用来作为幌子的。

粟

粟，古称稷，属于一年生草本植物，子实为圆形或椭圆形小粒，北方通称为"谷子"，去皮后称"小米"。粟是中国古代的主要粮食作物，中国最早的酒就是用粟酿造的。

灶糖

关东

今辽宁省、吉林省、黑龙江省、内蒙古自治区的东四盟市，地处中国东北方，自古以来就泛称"东北"。因为处在山海关以东，明以后又俗称"关东"。

古代长度单位

古代的长度单位，都以黍为准。长度取黍的中等子粒，一个纵黍为一分，一百黍为一尺，十分为一寸，十寸为一尺，十尺为一丈。这种长度计量单位，现在在民间仍在使用。

祭灶饺子

祭灶饺子

　　在中国山东的胶东地区，在祭灶这一天讲究给灶王爷供奉饺子和吃饺子，当地也流传着"送行饺子迎风面"或者"起身饺子落脚面"的俗语。此外，中国广东一带也有"上马饺子下马面"的俗语。关于这一习俗的一般解释为面条形似绳子，客人来了绊住他的腿，希望他多住几天，表示留客的诚意；饺子形似元宝，客人要远行，祝他出门发财，也有说因为饺子是用面团将肉馅包在中央，象征着团聚、圆满，也是一种美好的祝福。

　　在祭灶节把饺子作为祭品和吃饺子这一风俗也是民间百姓为了祈福而逐渐流传开来的。腊月二十三日灶王爷要起身回到天宫

述职，老百姓就准备了饺子来为灶王爷送行，象征着给灶王爷送一些盘缠钱，希望他在玉帝面前多说好话，并祈求家中可以合家美满、团团圆圆。在一些地区接灶时则要吃"接灶面"，也是为了希望灶王爷可以长久留在自己的家中，保佑全家平安。

饺子

　　饺子是深受中国人民喜爱的民族特色食品，最初写作"交子"，因为是在除夕夜的子时食用的，而这个子时是新旧两年交会，故称。清代开始，民间才开始把"交子"写作"饺子"。

子时

　　古时，人们将一天分为12个时辰，用子、丑、寅、卯等十二地支命名，一个时辰相当于现在的两个小时。子时是每天的第一个时辰，对应的是23时至次日1时，后者依此类推。

盘缠

　　古钱是中间有孔的金属硬币，一般需要穿起来使用。古代人们在出远门之时，只能带上笨重的成串铜钱。把铜钱盘起来缠绕腰间，既方便携带又安全，因此古人就把路费叫"盘缠"。

灶　　马

关于祭灶使用灶马的习俗最早记载于《辇下岁时记》，唐代末年就有了"贴灶马于灶上"的习俗。据后人记载，当时的灶君像上都画着一匹翻毛大马，是灶王爷的坐骑，被称为纸马。可见"灶马"在那时是灶神骑马图，或者是对灶王像中的纸马的简称。后世的灶王爷神像中很难找到骑马的形象，"灶马"也成了祭灶时的一种专门用品。很多地方的老百姓在每年祭灶的时候，都会事先准备好一匹用纸糊成的马，祭拜结束后和灶神像一块焚烧，好让灶王爷骑着他的坐骑上天，省些脚力。

此外，有一种叫作突灶螽的昆虫，因为常出没于灶台与杂物堆的缝隙中，以剩菜、植物及小型昆虫为食，所以别名也叫灶马。成语"蛛丝马迹"中的"马"，指的就是这种叫作"灶马"的昆虫。据说，灶马是灶王爷的手下，平常帮助灶王爷监视百姓的日常生活。百姓不敢迁怒于灶王爷，只好把气撒在它的身上，只让它吃一些残羹冷饭，甚至人人追打，它也只好成天躲在灶台与杂物堆的缝隙里。

《辇下岁时记》

辇下，是"辇毂下"的简称，意思是在皇帝车驾之下，指代国都。《辇下岁时记》是唐朝记录当时国都长安（今陕西西安）一带民风习俗的一部书籍，作者已不可考。

灶台以及灶王像

突灶螽

突灶螽，属直翅目穴螽科，红褐色至黑褐色，体型宽大，体表坚实，前胸背板有两条不明显的纵纹，无翅膀，靠后腿摩擦鸣叫。后脚腿节异常粗大，侧缘淡黄褐色，具线状斑纹。

蛛丝马迹

从挂下来的蜘蛛丝可以找到蜘蛛的所在，从灶马爬过留下的痕迹可以查出灶马的去向。"蛛丝马迹"这个成语也写作"蛛丝虫迹"，比喻与事情根源有联系的线索。

祭灶鸡蛋

祭灶鸡蛋

　　传说玉皇大帝派灶王爷到人间，专门监视各家各户的言行。灶王爷一旦发现有令他不满的行为，就以流水账的形式暗地里记下，等到腊月二十三日，他就回到天宫去，向玉皇大帝作一次总汇报。但是在中国古代，大都是聚族而居，一家之内人口众多，灶王爷虽是神仙，也不可能管得过来每个人。于是，他就招揽了一大批手下，派他们出去替代自己监视凡人。

　　关于灶王爷的手下，不同的地区有不同的说法。在广西桂林一带，流传说蟑螂（桂林人叫"烧甲子"）和蟋蟀（桂林方言为"灶蛐蛐"）是灶王爷的手下，在山西、陕西的一些地区则认为灶王爷的两个手下是狐狸和黄鼠狼。所以人们在日常生活中，

看到蟑螂和蟋蟀或者狐狸和黄鼠狼就人人喊打，因为它们是灶王爷派来监视人间隐私、记录罪恶的特务。但是由于它们是灶王爷的手下，掌握着一家人的命运，老百姓对它们是又恨又怕，所以只好在每年祭灶的时候，准备几个鸡蛋来讨好灶王爷的这两个手下。这些鸡蛋又称祭灶鸡蛋。

流水账

流水账是明细账的俗称，是将每笔买卖的收支都如实记录下来，与只记录每日、每月收支总情况的总账相对应。因为明细账是一条接一条地记录，像流水一样，故称"流水账"。

爪牙

爪牙，原是褒义词，指自己的得力助手，尤其是指威猛的武将，就像猛兽的利爪钢牙一样勇武。现多比喻为坏人效力的人，坏人的党羽、帮凶，是个贬义词。

特务

特务，本指特殊任务，也作为人称代词，指经过特殊训练，从事刺探情报、颠覆、破坏等活动的人，后来也指被派遣或收买来从事刺探机密、情报或进行破坏活动的敌对人员。

北京人祭灶

　　旧时，北京地区的祭灶仪式通常在腊月二十三日的晚上。晚饭后，先将家中炉火升旺，在供桌上摆好关东糖、糖瓜、南糖、凉水、草料以及烛台、香炉等祭器，烛台下压着黄钱、元宝。有钱人家一般还会买来八抬大轿、纸马、马鞍之类的纸扎，同灶神像一同焚烧。

　　祭拜开始，先点燃用羊油做的专供祭拜用的小红烛（旧称"小双包"）。由男性家长主祭上香，男先女后依次三叩首，肃立十分钟。香烛欲尽，再次三叩首，然后把未燃尽的香根连同灶神像、钱粮、草料等一起放在院子里事先放好的一个生铁铸造的

祭灶用的香烛纸扎

大盆（旧称"钱粮盆"）中，和已经放在盆里的松枝、芝麻秸一起焚化。当盆中的火苗升腾起来时，主祭者还要祝祷："老灶王爷，您多说好话，少言坏语吧！"同时将摆设的关东糖、糖瓜之类掰下一小块扔进盆中，象征着黏住灶王的嘴。剩下的灶糖，则是由全家人分食。

南糖

南糖是潮汕地区的特色食品。制作时把花生用猪油煎炸熟透，再把猪油、麦芽糖、白砂糖混合，下锅加热成胶状，然后浇灌在炸花生上面，凝固即成。

黄钱

黄钱是旧时用黄表纸折成，焚化给鬼神的纸钱。黄表纸是用每年端午节前后的新鲜竹子制成的纸张，因为制作过程中加入了姜黄粉，所以呈现淡黄色，多用来敬神或祭祀死者。

纸扎

纸扎指纸冥器。旧时迷信，认为人死后，随葬器物可以供死者使用。纸扎起初是生活日用品，人们用竹篾或芦苇扎成各种家具器皿、人物，糊以彩纸，饰以剪纸，为死者焚烧。

河南人祭灶

旧时，河南民间有"祭灶祭灶，全家都来到"的谚语，出门在外的人都要回家参加祭灶。豫东等地，祭灶节这一天，认了干亲的干儿、干女，也要携带灶糖、烧饼、鞭炮、香表和一只大公鸡来参加干娘家的祭灶仪式，表示自己已是干娘家的正式成员。

河南人祭灶历来由男人主持祭祀，但在安阳等一些地区，也有家庭主妇主祭的。祭灶日晚上，家家用豆腐、粉条、白菜、海带等做成"祭灶汤"，端至灶神像前，然后再供上用糖糊制成的芝麻酥，称"祭灶糖"。有的还烙制十八个火烧，将一只公鸡放在灶神前，并把一些草、豆放在一边用来"秣神马"。祭灶时，主祭者先将酒洒在鸡冠上，然后燃香烛与鞭炮，祭者口念祷词。祷词内容多种多样，但都是祈福求财之类的。祷告毕，将灶神像从墙上揭下，用灶糖轻轻在其嘴上抹一下，放在纸马上焚烧，同时高呼"送灶爷骑马升天"，祭祀到此结束。

点燃香烛祭灶

干亲

没有血缘关系而结成的亲戚，就是干亲。认干亲一般有两种情况：一是为子女免除灾祸，以求吉祥；一种是青年之间为了不使深厚的友谊终止，就让其子认对方为父，以延续友情。

公鸡

民间迷信地认为鬼魂每天会在太阳落山之后出来游荡，又要在太阳升起之前赶回阴间。公鸡每天打鸣，标志着白昼到来，所以人们认为公鸡可以辟邪，经常用其做祭祀供品。

火烧和烧饼

火烧和烧饼是深受中国北方居民喜爱的小吃，它们大都是用麦面为主料，经烙或烤而制成的。二者区别在于表面有无芝麻和内部有无馅料，火烧一般没有芝麻，但内部有馅。

男不拜月，女不祭灶

在旧社会，民间流传着"男不拜月，女不祭灶"的说法。这是对两种特殊祭祀的规定。"男不拜月"的"拜月"是指每年七夕节的祭祀。七夕节，又名"女儿节"、"乞巧节"。当夜，女性们都竞相在自家的庭院中，陈设果品糕点，点燃香烛，向月祷拜，向天上的仙女"乞巧"，祈求仙女赋予她们聪慧的心灵和灵巧的双手，让自己的针织女工技法娴熟，更乞求爱情婚姻的美满幸福，直至深夜。这是女性特有的节日，男人自然不用参与。"女不祭灶"的理由则有些荒唐，传说灶王爷英俊潇洒，灶神像上灶王爷的形象一般是个小白脸，所以怕女人祭灶，有男女之嫌。在早期的祭灶仪式中，女性是要回避的。后来发展到明清时期，有些地区允许女性旁观祭灶，但是绝不让其参与上香、叩拜等祭拜仪式。

关于"男不拜月，女不祭灶"的缘由，还有"阴阳说"。据古代阴阳理论，月属阴性，而男性为阳，所以"男不拜月"；灶神主火，火属阳性，而女性为阴，所以也就"女不祭灶"。

七夕节

在中国，农历七月初七被称为"七夕节"，是传说中牛郎、织女相会的日子。传说这天夜晚，抬头可以看到牛郎、织女鹊桥相会，在瓜果架下能偷听到两人在天上相会时的情话。

牛郎、织女

牵牛、织女本是两颗相对的恒星，分别属于天鹰座和天琴座。在中国民间传说中，织女是玉帝的女儿，私自下凡与牛郎成亲，玉帝一怒之下让他们分居在天河两岸，每年相会一次。

阴阳

古人观察到各种对立又相关的大自然现象，如天地、日月、昼夜、男女等，归纳出"阴阳"的概念，并以双方通过斗争而变化的原理来说明世间万物的产生、运动、发展。

古代女人不能参加祭灶仪式

85

祭灶节歌谣

祭灶所用的供台

由于祭灶节是中国传统节日，灶王爷也是家喻户晓的形象，所以在各地都流传着众多有关祭灶节、灶王爷的歌谣，例如在晋东南地区的民间就流行着这么一首歌谣：二十三，祭罢灶，小孩拍手哈哈笑。再过五六天，大年就来到。辟邪盒，耍核桃，噼噼啪啪两声炮。五子登科乒乓响，起火升得比天高。

这首歌谣不仅叙述了当地于祭灶节准备象征驱逐鬼怪的辟邪盒和象征家庭和睦的核桃的风俗，也反映了儿童盼望过年的欢跃心理。

穷人祭灶则不像孩子那样无忧无虑，有首歌谣就反映了旧社会穷人祭灶时的状态。歌谣称："灶王爷，本姓张，一碗凉茶三

灶香，今年小子混得穷，明年再来供麻糖。"虽然贫穷得只能用一碗凉茶作为供品，但调侃的语言中透出一种乐观向上的精神。

京津地区深受欢迎的曲艺形式京韵大鼓中，也有描写祭灶习俗的唱词：年年有个家家忙，二十三日祭灶王。当中摆上一桌供，两边配上两碟糖。黑豆干草一碗水，炉内焚上一股香。当家过来忙祝赞，祝赞那灶王老爷降吉祥。

五子登科

登科也叫登第，是指旧时在科举考试中考中进士。宋朝人窦禹钧由于教子有方，五个儿子相继考中进士，成为千古美谈。祝愿子孙前程锦绣的祝福语"五子登科"就是由此而来。

曲艺

曲艺是使用口语、通过说唱来叙述故事、塑造人物、表达思想感情并反映社会生活的表演艺术。中国的曲艺形式大约有400种，常见的有相声、二人转、评弹、快板、评书等。

京韵大鼓

京韵大鼓是北京、天津及附近地区流行的一种以唱为主的曲艺形式，表演者左手持木板，右手持鼓楗，说唱中轮番敲击木板和书鼓，与说唱相配合，旁边有乐师用三弦等乐器伴奏。

扫　　尘

　　在腊月二十三日前后，民间家家户户通常要洒扫庭室，清洗用具，拆洗被褥，彻底地进行一次大扫除。这种风俗北方叫作"扫房"，南方叫"掸尘"，东北地区叫"大喜（洗）日"。祭灶节前后扫尘的风俗，在中国由来已久。据《吕氏春秋》记载，在尧舜时代就有春节扫尘的习俗，当时称为"扫年"。

　　据说曾经有三个尸神，喜欢阿谀奉承、搬弄是非，经常在玉帝面前造谣生事。玉帝相信了他们，派这三个尸神下界监察百姓，凡有怨忿诸神、亵渎神灵的人家，让蜘蛛在其屋檐下织网作为记号，等到除夕之夜，凡是屋檐之下有蜘蛛网的人，一律满门抄斩。这件事后来被灶王爷知道了。灶王爷为了拯救无辜百姓，

祭灶节前后要洒扫庭院

想出了个好主意，就是每年祭灶前后让家家户户都进行一次大扫除，尤其要把蜘蛛网掸掉。这样，当除夕之夜玉帝率领诸神下界视察时，发现家家窗明几净，找不到证据，只好返回天庭。扫尘的习俗便由此而来。

此外，"尘"与"陈"谐音，所以新春扫尘也寄托了除陈布新、辞旧迎新的美好祈求。

《吕氏春秋》

《吕氏春秋》又名《吕览》，是战国时秦国丞相吕不韦组织门客集体编撰的一部古代类百科全书似的传世巨著，共二十多万言，著名的刻舟求剑、引婴投江等故事均出于此书。

吕不韦

吕不韦（？—前235），战国时期的著名商人、政治家，卫国濮阳人。因散尽家财帮助在赵国为人质的秦昭王之孙异人立嫡有大功劳，在异人后来继位为秦庄襄王后，被任命为丞相。

立嫡

旧社会正妻所生之子为嫡子，妾侍所生之子为庶子。在封建宗法社会中，只有皇嫡子可以继承皇位，官员也只有嫡子可以继承父亲的官职、家业，确立嫡子的过程就叫"立嫡"。

贴 门 神

　　在中国古代神话中，相传有一个鬼居住的城市，鬼城的旁边有座山，叫度朔山。山上有一棵覆盖三千里的大桃树，树梢上有一只金鸡。每当清晨金鸡长鸣的时候，夜晚出去游荡的鬼魂必赶回鬼城。鬼城的大门坐落在桃树的东北，门边站着两个神人，名叫神荼、郁垒。如果鬼魂在夜间干了伤天害理的事情，神荼、郁垒就会立即发现并将它捉住，用芦苇做的绳子把它捆起来，送去喂虎。因而天下的鬼都畏惧神荼、郁垒。

　　于是民间就用桃木刻成神荼、郁垒的模样，用苇绳挂在自家门口，以辟邪防害。后来，人们干脆在桃木板上画上神荼、郁垒的形象或者刻上他们的名字，再到后来又变成将神荼、郁垒画在纸上张贴于门。唐代以后，又有画猛将秦琼、尉迟恭二人像为门神的，还有画关羽、张飞像为门神的。

　　中国各地过年都有贴门神的风俗，贴门神的时间则不统一，但基本都是在祭灶节送走灶王爷之后开始。

年画

　　年画由门神发展而来，是门神的一种特殊形式。门神都是武将，但过于威猛，贴在普通百姓家中不甚合适。于是百姓开始在门上贴一些祈求吉祥富贵的图案，如年年有余、招财进宝等。

门神

秦琼、尉迟恭

　　秦琼，字叔宝，今山东济南人；尉迟恭，字敬德，今山西朔城人。二人均为初唐大将，辅佐李渊、李世民父子起兵反隋建立唐朝，立下汗马功劳，唐朝以后被人们奉为门神。

关羽、张飞

　　关羽、张飞是三国时代蜀汉政权的著名军事将领，早年与刘备结为异姓兄弟后，追随刘备起兵，忠心不二，深受刘备信任，战功显著，居功至伟，在民间广受尊崇。

贴 春 联

祭灶之后，春节的味道已经很浓了。过春节的时候，贴春联是必须的。春联是中国对联文学的一种，将贺年的吉利字词用漂亮的书法写在红纸上，因为在春节期间张贴，所以叫作"春联"。

贴春联这一习俗起源于周朝时的桃符，当时民间盛行每年正月初一在大门两旁悬挂长方形的桃木板，希望起到驱邪避灾的作用。据《后汉书·礼仪志》所载，桃符长六寸，宽三寸，桃木板上面写着伏鬼大神神荼、郁垒的名字。直到宋代，春联仍称"桃符"。王安石的诗中就有"千门万户曈曈日，总把新桃换旧符"之句。

从五代十国开始，有人在桃符上题写联语。后蜀主孟昶令学士辛寅逊在桃木板上写对联。辛寅逊写完之后，孟昶不满意，亲自提笔写下"新年纳余庆，嘉节号长春"，这便是中国历史上见于记载的第一副春联。宋代，桃符由桃木板改为纸张，并在上面写一些寄托祈望和祝福的对联，叫"春贴纸"或"春联"，贴春联的习俗也就这样固定下来。

对联

对联，又称楹联或对子，是写在纸、布上或刻在竹子、木头、柱子上的对偶语句。对联言简意深，上、下联对仗工整，平仄协调，是一字一音的中文语言独特的艺术形式。

春联

王安石

王安石（1021—1086），字介甫，号半山，谥文，封荆国公，世人又称王荆公，北宋抚州临川人，中国历史上杰出的政治家、思想家、学者、文学家、改革家，唐宋八大家之一。

后蜀

后蜀是五代十国时期西南地区的一个地方政权，孟知祥所建，建都成都。盛时疆域包括今四川大部、甘肃东南部、陕西西南部、湖北西部。历二主，共31年，965年被北宋所灭。

放 鞭 炮

鞭炮

祭灶后，孩子们边吃糖边放鞭炮，还唱"糖瓜祭灶，新年来到"。而放鞭炮的习俗在中国已有2500多年的历史了。《荆楚岁时记》载：正月初一，鸡叫头一遍时，大家就纷纷起床，在自家院子里放爆竹来逐退瘟神恶鬼。当时没有火药和纸张，人们便用火烧竹子，使之爆裂发声，以驱逐瘟神。这当然是迷信，但却反映了古代劳动人民渴求安泰生活的美好愿望。到了唐朝，鞭炮又被人们称为"爆竿"，大概是将一根较长的竹竿逐节燃烧，连续发出爆破声。唐朝诗人来鹄的《早春》诗句："新历才将半纸开，小亭犹聚爆竿灰"，写的就是当时春节燃烧竹竿的情景。

后来，炼丹家经过不断的化学试验，发现硝石、硫黄和木炭合在一起能引起燃烧和爆炸，于是发明了火药。有人将火药装在竹筒里燃放，声音更大，从而代替了用火烧竹子的古老习俗。北宋时，民间已经出现了用卷纸裹着火药的燃放物，还有单响和双响的区别，改名"爆仗"，后又改为"鞭炮"。

炼丹

炼丹是道教主要道术之一，分为炼制外丹与内丹。外丹术源于先秦神仙方术，是在丹炉中烧炼矿物以制造"仙丹"。其后将人体拟作炉鼎，用以习炼精、气、神，称为内丹术。

硝石

硝石，又称碙硝、焰硝、钾硝石等，无色、白色或灰色，结晶或粉末状，有玻璃光泽，无毒性，易溶于水。工业上，硝石是制造火柴、烟火药、黑火药、玻璃的原料。

硫黄

硫黄别名硫、胶体硫、硫黄块，淡黄色脆性结晶或粉末，有特殊臭味。硫黄不溶于水，易溶于二硫化碳。作为易燃固体，硫黄主要用于制造染料、农药、火柴、火药、橡胶等。

贴 窗 花

　　除了扫尘和祭灶，小年还有一项喜庆活动——贴窗花。贴窗花是中国春节期间的一种习俗，它的背后还有一个传说。古代有一只四角四足的恶兽——夕，因冬季食物短缺，常到附近的村庄里觅食。它脾气暴躁、凶猛异常，给村民带来了很大的灾难。每到腊月底，人们都到附近的竹林里躲避夕。后来村民发现夕惧怕红色的东西，于是到了夕出来觅食的季节，就在家里的门上和窗户上挂一块红布或者贴一张红纸，希望达到驱赶夕的效果。果然，夕又来到村里觅食，见到家家户户门前、窗户上都是一片红色，吓得落荒而逃。

　　后来，贴在门上的红纸逐渐演变为门画，贴在窗户上的红纸则被老百姓们剪成各种各样的形状，形成了窗花。常见的窗花图案有喜鹊登梅、燕穿桃柳、鹿鹤桐椿、五福捧寿、刘海戏金蟾、和合二仙等。由于窗花不仅烘托了喜庆的节日气氛，也集装饰性、欣赏性和实用性于一体，所以在中国民间普及开来，千百年来深受人们的喜爱。

鹿鹤桐椿

　　鹿鹤桐椿是古代寓意祥纹，其运用谐音手法，用鹿、鹤、桐树、椿树来代表"六合同春"。"六合"是指天、地和东、南、西、北四方，"六合同春"便是天下皆春，万物欣欣向荣。

窗花

刘海戏金蟾

　　刘海戏金蟾是中国广泛流传的民间传说，说的是湖南常德青年刘海在狐狸仙胡秀英的帮助下乘坐金蟾上天成仙的故事。湖南花鼓戏《刘海砍樵》就是根据这个传说改编而成的。

和合二仙

　　和合二仙是中国民间的喜神，其形象是两位仙童，一位手持荷花，另一位手捧圆盒，意为"和（荷）谐合（盒）好"。人们借此来祝贺新婚夫妇白头偕老，永结同心。

挂　　签

　　挂签是贴在门窗上的一种剪纸艺术，有的地方也叫"挂千"、"挂钱"、"吊钱"、"门笺"、"门吊子"等。挂签为北方民间春节期间的一大习俗。祭灶节过后，挂签与对联搭配着贴，一是表示吉祥如意，二是象征着富有。

　　相传姜子牙辅佐周武王灭商之后，遍封群神，唯独没有封他自己的老婆。他老婆为此整日罗罗嗦嗦，闹着要封神。姜子牙被逼无奈，只好封她为穷神，但又怕她身为穷神到处乱跑对百姓不利，就规定她"见破即回"。后人为了躲避穷神，就把剪破的纸贴在家门或者窗户上，从此形成了挂签的习俗。加上挂签和挂钱同音，所以又有免祸得福、钱财满屋之意。挂签一般用红纸剪成，也有用彩纸剪成的，长方形，上部为各种祈求吉祥的图案或者文字，下部为流苏。

　　旧习俗中，人们在元宵过后，都必须将挂签摘下。据说如不摘下，瞌睡虫就会伴着不走，使这家人经常打瞌睡，影响生产，当年得不到好收成。

姜子牙

　　姜子牙，名望，吕氏，字子牙，被尊称为太公望，历史上著名的政治家、军事家和谋略家。小说《封神演义》中姜子牙在岐山封神台奉太上元始敕命，发榜封365位正神。

挂签

《封神演义》

《封神演义》俗称《封神榜》，是明代陈仲琳创作的一部神魔小说，共一百回。其以姜子牙辅佐周室讨伐商纣的历史为背景，描写了阐教、截教诸仙斗智斗勇、破阵斩将封神的故事。

流苏

流苏是一种下垂的以五彩羽毛或丝线等制成的穗状饰物，早期是妆台、帐帘、帷幔下面垂挂的，或用以装饰，或在帘幔开启时用来固定，后来发展成为服装或者艺术品上的饰物。

蒸 花 馍

花馍

在中国华中地区，在腊月二十三日前后，家家户户都要蒸花馍。花馍分为敬神和走亲戚两种类型。有的人家要特别制作一个大枣山，以备供奉灶君。俗话说：一家蒸花馍，四邻来帮忙。

花馍，不同地区叫法不同，也有的称花馒头、面塑、面花、捏面人等。流传在民间的花馍，用小麦面发酵，捏制成各种人物、动物、花卉等造型，用红枣以及各种豆类加以点缀，放入锅内蒸熟，趁其柔软时再施以彩绘，好看的花馍就算做成了。这些既能食用，又能作为礼物馈赠亲友的花馍，是中国特有的民间艺术，也最具地域特色。

制作花馍要用上等的面粉，有发酵、揉面、捏制、笼蒸、着色几道工序。着色多用对比强烈的红、绿、黄、蓝等颜色，并用豆类、谷物加以点缀。一般的花馍，造型夸张生动，用色明快鲜艳，风格朴实，富有拙雅的美感。花馍的制作有明显的地域性特征，体现了劳动人民的理想和生活图景，也反映了劳动人民的聪明才智。

发酵

面制品和膨化食品的生产中，将酵母添加到面团中后，可以通过自身的新陈代谢产生二氧化碳气体达到蓬松面团的目的，这个过程就叫发酵。经过发酵的食物，口感松软，富有弹性。

着色

为了改善食品色泽、刺激食欲，在食品、饮料的制作中，往往添加一些着色剂。古时人们一般使用葡萄、栀子、玉米、柠檬等植物作为天然色素，现代则多使用人工合成色素。

合成色素

1856年英国人帕金制出第一种人工合成色素——苯胺紫，由于合成色素具有色泽鲜艳、着色力强、价格便宜等优点，被普遍使用。合成色素由化学物质制成，长期食用对人体有害。

赶 乱 岁

　　从明清时代开始，在中国的北方地区开始流行"赶乱岁"的习俗。民间认为祭灶日过后，神煞登天，人间无神管辖，百无禁忌，适宜结婚。一切的嫁娶活动，之前有禁忌的，在送灶后到除夕的这段时间里都可以不避讳，也可以不选择吉日良辰。在这段时间结婚往往比较仓促，所以称为"赶乱岁"。

　　旧社会时，人们认为婚丧嫁娶都是人生大事，必须提前找阴阳先生占卜吉凶、安排时辰，以免冲煞。尤其是娶媳嫁女，关系到后世子孙，更不能大意。过去的男女婚姻大事，依父母之命，经媒人撮合，认为门当户对，互换"庚帖"后，将"庚帖"用干净的茶杯压在灶君神像前，听从灶王爷的神意。如果三天之内家中没有碗盏破碎、饭菜馊气、家人吵嘴、猫狗不安等"异常"情况，男女双方家庭才可以开始商议亲事的具体事宜。所以在"赶乱岁"的这段时间里，灶王爷回天庭述职，这项程序就可以免去了。

　　如今，由于春节是国家法定节假日，而且本身具有迎新的美好含义，春节前结婚的人就更多了。

阴阳先生

　　旧时把专门从事星相、占卜、相宅、相墓、圆梦等职业的人称为"风水先生"，由于人们认为他们是与阴阳界打交道的人，所以又称这种人为"阴阳先生"。

祭灶日后适合婚嫁

媒人

媒人在传统婚姻中起着牵线搭桥的作用，又被称为媒婆或大妗姐。若结婚不经媒人从中牵线，就是于礼不合。即使两情相悦，也要请媒人登门说媒，方才会行结婚大礼。

庚帖

旧时订婚，男女双方要交换红色柬帖，帖上写明男女双方姓名、生辰八字、籍贯、祖宗三代姓名等。这种柬帖就叫"庚帖"，也叫作"龙凤帖"或"喜帖"。

镜　　听

　　镜听是中国古代的一种占卜方式，是在祭灶日的夜里（有些地区在除夕）抱着铜镜偷听路人的无意之言，以此来占卜吉凶祸福，又称"听镜"、"听响卜"、"耳卜"等。在古代万家团聚之时，有的家庭丈夫远行未归，于是居家的妻子便在祭灶日的晚上或者除夕，采用"镜听"的方式来预测在外的亲人是否平安及何时归来。

　　古人因为镜子能够反光映物，认为镜子能够"与鬼神通其意"，所以民间有照妖镜的说法。正因为镜子有这样的神秘性，有人认为镜子所显现的映像预示着不久即将发生的事情，能够预测吉凶。镜子就这样被人们拿来作为占卜的工具了。

　　镜听的具体步骤，各地大同小异。其步骤大致是祭灶日的晚上或者除夕，将勺子放入盛满水的锅中，占卜者对灶台叩拜、祷告后，拨动勺子让它旋转，然后按勺柄停下来时所指的方向，抱着铜镜出门偷听。从听到的别人说的第一句话中，就能找到所祈祷之事的答案。

铜镜

　　在明代玻璃镜传入中国之前的几千年里，人们都是使用铜镜。铜镜一般是由含锡量较高的青铜铸成，正面则以铅锡磨砺光亮，可清晰照面，反面则铸铭文、饰图案。

铜镜

玻璃的发展

公元前38世纪以前，古埃及人已制出简单的玻璃器皿和饰品，但都是有色玻璃。公元前1000年左右，中国制造出无色玻璃。1906年美国开始规模化地生产玻璃，玻璃才得到广泛应用。

最早的镜子——鉴

铜镜发明前，人们以水照影，中国古代早期有专门用来盛水照影的铜器，叫作"鉴"。在甲骨文里，"鉴"字就是人将头伸在铜盆上方的形状，文人就经常用"鉴"作为镜子的代称。

照 田 蚕

　　照田蚕也叫"烧田蚕"、"烧田财"，是在田边燃火炬的群体性活动，旨在祈求来年田之稻谷和蚕之茧丝丰收，这主要流行于江南一带。据记载，在宋代，江浙一带的农民腊月二十五这一天祭灶结束后，将绑缚火炬的长竿立在田野中，用火焰来占卜来年的收成，火焰旺则预兆来年丰收，并通过火焰的颜色占卜来年有无水旱。

　　照田蚕习俗的形成，大概源于用火焚烧田间的残根野草，以方便化草为肥和杀除害虫并提高田地翻耕效率。中唐以后太湖以东地区开发，火耕逐渐废除。由于长期以来的习惯，田间放火焚烧虽在生产日程安排的项目单上逐渐被抹去，但却以一种岁

在田边燃火把祈求丰收

106

时节日娱乐活动的形式保留下来，逐渐转变为一种固定的岁时民俗活动。

　　除了江南，湖南部分地区也有类似"照田蚕"的习俗，照田蚕的活动也被扩大，除立竿焚烧火把外，还要供奉刘猛将、田祖、蚕花娘娘诸神，甚至请巫师唱歌颂赞诸神。

刘猛将

　　刘猛将是中国民间普遍供奉的驱蝗神，清代官府也把他作为"驱蝗正神"列入祀典。刘猛将在民众心目中是一位可亲可近的神，百姓供奉他，以祈求风调雨顺、五谷丰登。

田祖

　　田祖，在历史典籍中被称为"先穑"、"司穑"，是古代普通百姓信仰的农神。田祖的意思就是最早教百姓种田的人，民间供奉的田祖一般是神农氏，部分地区也供奉后稷。

蚕花娘娘

　　嫘祖是中华文化始祖黄帝的正妃，据说她在16岁时发明了种桑养蚕之法、抽丝织绢之术，被后人奉为"先蚕"圣母或"蚕神"，民间则亲切地称她为"蚕花娘娘"或"蚕神娘娘"。

蒙古族的"小年"

蒙古包

　　祭灶和春节是汉族的传统节日，但中国是一个由56个民族组成的多民族国家，在众多少数民族的传统节日中，有很多类似汉族祭灶性质的节日，蒙古族人民祭拜火神就是其中一种。

　　每年农历的腊月二十三日，即汉族的祭灶日，蒙古族也在这天祭祀本族信仰的火神。旧时，每到这天晚上，蒙古族家庭都会在自家庭院中举行祭火仪式，送火神上天。家长主祭，摆放黄油、牛羊肉、白酒等祭品，焚香后，点燃提前准备好的柴草堆，将酒肉、黄油等祭品投入火中。家长带领全家人向火堆叩头，感谢火神一年来给家中带来的吉祥，祈求火神保佑全家来年幸福，人畜两旺，五谷丰登。祭火仪式后，全家共进小年晚宴，饮酒吃肉，载歌载舞，通宵达旦。

新中国成立之后，蒙古族人民过上了崭新的生活，祭火神的习俗逐渐被废除。但是如今，大多数的蒙古族家庭在这天晚上还是会准备一顿丰盛的晚餐进行庆祝。

蒙古族

蒙古在蒙古语中的意思是"永恒之火"，蒙古族也被称为马背上的民族，主要分布于内蒙古自治区、辽宁、吉林、黑龙江等地，新疆、青海等地也有蒙古族人居住。传统节日有白节、马奶节等。

黄油

黄油又叫乳脂、白脱油，蒙古语中称"希日陶苏"，是把新鲜牛奶加以搅拌之后上层的浓稠状物体滤去部分水分之后的产物。优质黄油色泽浅黄，质地均匀细腻，气味芬芳。

白酒

白酒是中国特有的一种蒸馏酒，由淀粉或糖质原料制成酒醅或发酵醪经蒸馏而得，又称烧酒、老白干。酒质无色（或微黄）透明，气味芳香醇正，入口绵甜爽净，酒精含量较高。

满族的火祭仪式

自古以来,满族、达斡尔族等北方少数民族一直保留着火祭的习俗,其中又以满族为最。他们对火神的崇拜,在北方民族多神崇拜中最有代表性。满族的火祭仪式,规模宏大,内容丰富,在北方少数民族中也极具典型性。

满族是从原始森林中发展起来的民族,所以把树也奉为神仙进行崇拜。每个部落都有自己的"神树",火祭仪式也就通常在神树附近举行。祭祀时,在神树四周燃九堆篝火,昼夜不熄。在本族族长主持下,萨满用满语诵祝祷词,率领各族人拜星辰、拜神树、拜篝火,然后族人们穿过族长和老萨满布设的火阵。穿火是为了烧秽气,人们认为圣洁的火神能够祛除妖邪。火祭中,穿过火阵次数最多的人会被敬为巴图鲁(英雄),被推举当猎达(狩猎头领)。祭祀中间,还伴有各种驭火的体育活动和火技比赛。祭祀结束后,全部族人围坐在神树下火堆前的长木槽盆边吃"手把肉",不吃粮,不用筷子,以肉代食,吃剩的骨头抛在野外,供鸟鹊啄食。

满族

满族主要分布在东北三省,以辽宁省最多,人口1068万,仅次于壮族,居第二位。目前全国逾千万满族人基本不会说满语,通用汉语,风俗与汉族无太大差异,满族姓氏也转变为汉姓。

满族

达斡尔族

　　达斡尔族主要聚居在内蒙古和黑龙江，少数居住在新疆等省区，人口13万。"达斡尔"意即"开拓者"。达斡尔族使用达斡尔语，多信仰萨满教，传统节日有阿涅和黑灰日。

萨满

　　萨满一词源自通古斯语，蒙古族称为"博根"，原词含有智者、晓彻、探究等意，后逐渐演变为萨满教巫师即跳神之人的专称，也被理解为某些氏族中萨满之神的代理人和化身。

111

王建《镜听词》

重重摩挲嫁时镜，夫婿远行凭镜听。回身不遣别人知，人意丁宁镜神圣。怀中收拾双锦带，恐畏街头见惊怪。嗟嗟祭祭下堂阶，独自灶前来跪拜。出门愿不闻悲哀，郎在任郎回不回。月明地上人过尽，好语多同皆道来。卷帷上床喜不定，与郎裁衣失翻正。可中三日得相见，重绣锦囊磨镜面。

唐代诗人王建的这首《镜听词》细致地描写了一个女子"镜听"的全过程，具有很浓重的民俗色彩。我们从诗中看到这个女子暗怀妆镜，灶前祈祷，路上偷听。当她听到人们随意说出的吉利语后，欢欢喜喜地回了家，乐得怎么也睡不着，赶忙下床给丈夫裁制新衣。还许愿说如果丈夫真的三日后回家，她要重新绣一个锦囊，并请工匠磨亮镜面以表示对铜镜的感激之情。"镜听"卜祸福，自然是没有道理的，却反映了古代妇女渴

唐代女俑

望团圆，希望过幸福生活的强烈要求。

这首诗对人物的刻画细微逼真，清人沈德潜评之曰："摹写儿女子声口，可云惟肖"，不为溢美之辞。

王建

王建（约767—约830），唐代诗人，字仲初，颍川（今河南许昌）人，曾经担任过县丞、司马之类的小官。他创作了大量的乐府诗，与张籍同名，世称"张王乐府"。

乐府诗

乐府是秦代以来设立的管理宫廷音乐和采集民歌的官署。原本在民间流传，经由乐府保存下来的诗歌，叫作"乐府"或"汉乐府"。后世文人仿此形式所作的诗，亦称"乐府诗"。

沈德潜

沈德潜（1673—1769），字确士，号归愚，长洲（今江苏苏州）人，清代诗人、诗学理论家。他提倡温柔敦厚的诗教，所编诗歌选集《唐诗别裁》、《明诗别裁》广受好评。

范成大《祭灶词》

古传腊月二十四，灶君朝天欲言事。

云车风马小流连，家有杯盘丰典祀。

猪头烂熟双鱼鲜，豆沙甘松粉饵圆。

男儿酌献女儿避，酹酒烧钱灶君喜。

婢子斗争君莫闻，猫犬触秽君莫嗔。

送君醉饱登天门，杓长杓短勿复云，

乞取利市归来分。

　　这首词是宋代诗人范成大对宋代江南尤其是苏州一带年末祭灶所作的生动而细致的描绘。从词中我们可以了解到当时苏州地区祭灶时所用的供品是相当丰富的，除了有猪头、鲜鱼之类的肉供外，还有一些点心作为祭品。此外，这首词还对祭灶的时间以

祭灶供品

及女儿避的"女不祭灶"的禁忌也做了介绍。

更重要的是,范成大用诙谐的笔调为我们勾画了一幅饶有趣味的江南祭灶图,让我们更深刻地理解了人们祭灶的讨好求利心理。宋代老百姓以这种请吃请喝、"送红包"的形式贿赂灶神,让他醉饱升天,不要顾及人间争斗,不要议论人间长短,最好还能带一些年礼回来。

范成大

范成大(1126—1193),字致能,号石湖居士,吴郡(今江苏吴县)人,南宋诗人。他的诗以反映农村生活内容的作品成就最高,与杨万里、陆游、尤袤合称南宋"中兴四大诗人"。

甘松

甘松是一种多年生草本植物,有强烈松脂样香气。中医认为在春秋季挖掘它的根茎,晒干或阴干后切段,可以入药,用于治疗脾胃不和、食欲不振、呕吐,外用可以祛湿消肿、治牙痛。

红包

传统意义上的红包也叫压岁钱,是过农历春节时长辈给小孩儿用红纸包裹的钱。现在泛指包着钱的红纸包,可用于喜庆时馈赠礼金,也指奖金、贿赂他人的钱。

吕蒙正《送灶》

一炷清香一碗泉，灶君司命上青天。

玉皇若问人间事，蒙正文章不值钱。

此诗为宋代诗人吕蒙正年轻时所作。吕蒙正年轻之时，家徒四壁，穷困潦倒，远亲近邻已经被他借过一遍了，穷得每天只好到和尚庙去赶斋。时逢腊月二十三祭灶之时，吕蒙正不得已向同村的屠户赊欠猪肉数两来祭拜灶神。当时肉店老板不在，老板娘向来可怜这位穷苦书生，就赊给了他几两猪肉。当肉店老板回到家中，老板娘和他提起这事，老板勃然大怒，立马赶到吕蒙正的家中要肉。不巧的是，这时肉已经煮在锅里了，屠夫竟然从锅内捞肉而去。吕蒙正只好用一炷清香和一碗泉水来祭拜灶神，并写了这首诗，焚诗代胙，希望灶神到了玉帝那儿，如果玉帝问到人间的事，就告诉他吕蒙正的文章不值钱，所以没有财物来祭祀灶神。

吕蒙正后来中了状元，当了宰相，富贵至极，权倾一时，而这首祭灶诗成了他早年艰辛生活的佐证。

吕蒙正

吕蒙正（944或946—1011），字圣功，河南洛阳人。吕蒙正早年贫苦，后中状元，三次登上相位。吕蒙正深得宋真宗器重，其老年时病重，宋真宗曾两次亲自到吕家看望。

祭灶用的香烛

赶斋

　　古时的寺庙为了宣扬济世救民的教义，经常设粥棚，施舍斋饭。寺庙四周的贫苦百姓或者好吃懒做的人都会到寺庙中领取施舍的斋饭，这种行为就是"赶斋"。

胙肉

　　胙肉就是古时祭奠时供奉神灵的肉，一般是猪肉。皇家祭祀所用胙肉，一般只是用白水煮去血丝的半熟肉。祭祀结束后，皇帝将胙肉分给参加祭祀的大臣，叫作"分胙"。

谢承举《送神辞》

赤乌堕城尘土昏，人家火急催宵飧。

庖夫膳吏递走速，涓尘拥彗当厨门。

张筵布簋举灯烛，送神上天朝帝阍。

黄饧红饧粢辅案，青刍紫椒光堆盆。

空蒙烟云下车马，恍忽雾霭飘兰荪。

使者已饱马已饲，我欲留神神不滞。

星旗云辇去如风，九万天衢片时至。

绀裘赤舄趋掖庭，稽首帝前备陈事。

切须公语毋隐容，迪者降休逆者祟。

公厅纷纷争务繁，私家细琐犹多类。

一年一度送神行，记得人间二十四。

吁嗟乎！今年畿甸事更多，愿神开口如悬河。

这首词详细地描写了明朝祭灶的习俗。腊月二十四日的夜里，家家户户举烛布席，供桌上摆好了祭祀的灶糖，马上就要送灶王爷上天了。此时民间百姓想让灶神在人世多逗留一段时间，可是灶王爷是一刻也不能滞留了。灶王爷很快就到了天宫，在玉帝面前汇报人间一年来的善恶之事，人们希望灶王爷能够秉公执法，不要有什么隐瞒。

传说天宫中的天兵天将画像

谢承举

谢承举，明朝上元（今南京）人，字子象，家中行九，胡子很长也很漂亮，人称“髯九翁”。谢承举工于诗歌、书法，又善于绘画，与徐霖、陈铎并称“江东三才子”。

兰荪

兰荪，即菖蒲，是一种香草，分布于中国南北各地，生长于池塘、湖泊岸边浅水区或沼泽地中。菖蒲全株芳香，可作香料，也可驱蚊虫；茎、叶可入药，有健胃、化痰的作用。

绀裘赤舄

绀裘指略显红色的黑色皮衣。舄是一种重木底鞋，是古代最为贵重的鞋，多为帝王和王公大臣所穿。绀裘赤舄是古时的贵重之品，普通百姓由于礼制和经济的限制，无权穿着。

谢承举《迎神词》

三十六天高几重，珠宫贝阙金芙蓉。

清都上位玉帝子，陛罗将辅排群龙。

呼雷叱霆宝幢拥，蹑云驭气金舆从。

魁罡赫赫豹骈下，冰雪锋矛随万马。

赤脚巨门口吐虹，披发天游面涂赭。

八万浮尘一霎过，来察诸方不平者。

二十五日年尽时，帝来人间人不知。

寻常窃掠乃末技，纤毫斗秤真小儿。

区区琐琐何足较，置之国法性可移。

盗权奸手掩日月，僭极雄心欺鼎彝。

渠魁当歼胁从宥，未睹灵威降神疚。

年年此日枉帝来，渠尚骄张当白昼。

方山丈人有一言，便欲留神仗神奏。

吁嗟乎！近来比屋兴咨嗟，请帝先过民牧衙。

谢承举在这首词中描写了腊月二十五日迎玉帝的习俗。词中的玉帝脚踏祥云、乘坐金马车、呼风唤雨地来到人间核实灶王爷的汇报，但是他来到人间不是为了核实那些鸡毛蒜皮的小事，而是要查出"盗权奸手掩日月"的贪官大盗，由此可见当时百姓对贪官污吏的憎恨。

玉皇大帝

陛

陛的本义是台阶，特指帝王宫殿的台阶。古时帝王的卫士就在陛下两侧进行戒备。臣子不敢直呼天子，必须先呼台阶下的侍者而告之。后来，"陛下"就成为对帝王的敬辞。

魁罡

魁罡是四柱神煞之一。古代风水学认为，命带魁罡的人，虽有领导才能，声宏气壮，且好权术，好胜心强，但婚姻终为不顺。此外，如不遵纪守法，难免有牢狱之苦。

民牧衙

古代帝王认为自己是天下之主，普天之下的百姓都是自己的子民，治理百姓就叫作牧民。民牧衙就是牧民衙，指官衙，是官吏办事、居住的处所。

121

鲁迅《庚子送灶即事》

只鸡胶牙糖，典衣供瓣香。

家中无长物，岂独少黄羊。

据《风俗通义》记载：汉朝人阴子方在祭灶日早上做饭时，灶神忽然出现，阴子方认为这是吉祥的预兆，赶紧杀了家中的黄羊来祭祀灶神。从此之后，阴家逐渐富裕起来。阴子方认为这是灶神的保佑，而且每年在祭灶时都以黄羊作为供品，并在临死之前告诉儿孙要坚持下去。后来阴家暴富，成为远近有名的富商大贾。当地老百姓知道其中缘由后也纷纷效仿，用黄羊作为祭灶的供品。

这首诗是鲁迅1901年寒假回家正碰到祭灶，对祭灶的民俗有所感而写。当时鲁迅家庭贫困，祭灶的供品只有胶牙糖和一只鸡，连瓣香都是将衣服典当后才买的，家里实在没有多余的东西，缺少的难道只是献给灶神的黄羊吗？可是在这样的情况下还要进行祭祀，可以说这首诗是对灶神、祭灶大发牢骚，更重要的是无情地批判了当时黑暗的旧社会。

鲁迅

　　鲁迅（1881—1936），浙江绍兴人，原名周树人，字豫才，现代文学家、思想家、革命家，对于五四运动以后的中国文学产生了深刻的影响。代表作有《呐喊》、《彷徨》、《朝花夕拾》。

《风俗通义》

《风俗通义》是东汉人应劭所写的一部以考证历代名物制度、风俗、传闻为主的著作，大量记录了当时民间的风俗、迷信、奇闻、怪谈。全书共三十卷，现存十卷。

典当

典当是把自己的物品作为抵押，向典当行（俗称"当铺"）借款，并在约定期限内偿还本金、利息后赎回物品的行为。在旧社会，当铺的利息很高，普通老百姓典当物品后，基本没有能力赎回。

以鸡祭灶

鲁迅《送灶日漫笔》

　　《送灶日漫笔》是鲁迅先生的一篇杂文，创作于1925年2月5日，最初发表于1926年2月21日的《国民新报》副刊，后收录于《华盖集续编》。鲁迅在这篇杂文里记述了他的家乡——浙江绍兴一带关于祭灶的习俗，其中对胶牙饧、三尸神、灶王爷的来历和传说都有比较详细的记载，对我们研究当地风俗有很大的作用。

　　但是，鲁迅先生创作这篇杂文的本意在于通过送灶这固有风俗来批判旧社会中的一些不合理现象。鲁迅先生以他惯有的幽默但又辛辣的口吻，极大地讽刺了当时官场中"酒桌应酬"不仅次

祭祀供台

数频繁，而且内容空乏、性质无聊，大部分饭局都在"食蛤蜊，谈风月，酒酣耳热而歌呜呜"，从而使人变得虚假。他一针见血地指出："这也不能独归罪于公论家，社会上风行请吃饭而讳言请吃饭，使人们不得不虚假"，将这一陋习的根源直接归罪于丑陋的旧社会。

杂文

　　杂文指现代散文中以议论和批评为主而又具有文学意味的一种文体。它短小精悍，以幽默讽刺的文笔鞭挞丑恶，针砭时弊，求索真理，剖析人生。鲁迅是中国著名的杂文作家。

饭局

　　饭局是民间常用的语汇，指宴会、聚餐。"局"是下棋术语，后来引申出赌博、聚会、圈套的意思。在民间，由于饭局一直是进行交际的重要手段，所以称为"局"。

蛤蜊

　　蛤蜊，软体动物，壳卵圆形，淡褐色，边缘紫色，生活在浅海底，有花蛤、文蛤、西施舌等诸多品种。其营养丰富全面，肉质鲜美无比，被称为"天下第一鲜"、"百味之冠"。

京剧《打灶王》

中国地方剧品种繁多，曲目也极其丰富，家喻户晓的灶王也是戏曲中必不可少的人物形象之一，中国戏曲有很多关于祭灶或者灶王爷的曲目。京剧中就有出名叫《打灶王》的戏，又叫《紫荆树》、《打灶分家》。

从前有一家姓田的，兄弟三个，分别叫田大、田二和田三。父母死后他们没有分家，一直同居在一起。田家庭院里有棵紫荆树，长得枝叶茂盛。田三的妻子李三春，向来泼辣无理，她劝丈夫和两个哥哥分家。两个哥哥不答应，李三春就整天吵闹、指桑骂槐，甚至有一天拿家里供奉的灶王像撒气，撕碎了灶王像，从而冲撞了灶王神。兄嫂们无奈，答应分家。分家后，紫荆树竟然莫名其妙地枯死了。兄弟三个感到这是上天的惩罚，就又复合，而紫荆树竟也复活了。李三春感到羞愤不堪，自尽身亡。

《打灶王》这出戏虽然具有一定的迷信色彩，但是它规劝百姓兄弟和善、家庭团结的意义是积极向上的。汉剧、河北梆子、评剧中也都有这出戏。

地方戏

地方戏是对流行于一定地区、用当地方言演唱、具有地方特色的戏曲剧种的通称。中国大约有300种地方戏，影响力较大的有河南的豫剧、安徽的黄梅戏、河北的评剧等。

京剧《打灶王》

京剧脸谱

京剧

京剧因为19世纪中叶形成于北京地区，故名，是流传于北京、河北、天津及全国大部分地区的一种戏曲剧种。在国外，它往往代表着中国的戏曲艺术，所以又被称为国粹、国剧。

紫荆树

紫荆树是主要生长于中国中南部地区的一种落叶乔木或灌木，先花后叶，叶片心形，圆整而有光泽，花色艳丽可爱，花期较长，常常种于庭院、建筑物前及草坪边缘。

127

图书在版编目（CIP）数据

祭灶节 / 王蔚赞编著. —— 长春 ：吉林出版集团股份有限公司，2013.1
（中华优秀传统文化丛书）
ISBN 978-7-5534-1350-1

Ⅰ．①祭… Ⅱ．①王… Ⅲ．①节日－风俗习惯－中国 Ⅳ．①K892.18

中国版本图书馆CIP数据核字(2012)第316519号

祭灶节
JIZAOJIE

编　　著	王蔚赞	
策　　划	刘　野	
责任编辑	宋巧玲	
封面设计	隋　超	
开　　本	680mm×940mm　1/16	
字　　数	42千字	
印　　张	8	
版　　次	2013年 1月 第1版	
印　　次	2018年 5月 第3次印刷	

出　　版	吉林出版集团股份有限公司
发　　行	吉林出版集团股份有限公司
地　　址	长春市人民大街4646号
	邮编：130021
电　　话	总编办：0431-85618719
	发行科：0431-85618720
邮　　箱	SXWH00110@163.com
印　　刷	湖北金海印务有限公司

书　　号	ISBN 978-7-5534-1350-1
定　　价	25.80元